교육과 예술
교육과 도덕

Rudolf Steiner:

<Pädagogik und Kunst>, <Pädagogik und Moral> in 《Anthroposophische Menschenkunde und Pädagogik》 (GA 304a) © Rudolf Steiner Verlag, Dornach

Korean language edition:

© 2023 Korea Anthroposophy Publishing, Seoul

루돌프 슈타이너 전집 교육학 3

교육과 예술·교육과 도덕

1판 1쇄 발행 2023년 12월 31일

지은이. 루돌프 슈타이너

옮긴이. 김미숙, 김주아, 김하진, 서석훈, 신영주, 오윤선, 이미영, 이소윤, 장영심, 장은심

발행인. 이정희

발행처. 한국인지학출판사/한국슈타이너인지학센터 www.steinercenter.org

주소. 04090 서울특별시 송파구 마천로 76 성암빌딩 5층

전화. 02-832-0523

팩스. 02-832-0526

기획제작. 씽크스마트 02-323-5609

ISBN. 979-11-92887-03-6 (03370)

이 책은 사단법인 한국슈타이너인지학센터의 <든든버팀목> 정기후원, <인지학출판프로젝트 2025>와 송광수 님의 특별후원으로 제작되었습니다.

후원계좌 | 신한은행 140-009-321956(한국슈타이너인지학센터)

교육과 예술
교육과 도덕
교육과 예술
교육과 도덕
교육과 예술
교육과 도덕

지은이
루돌프 슈타이너
옮긴이
김미숙, 김주아, 김하진, 서석훈, 신영주
오윤선, 이미영, 이소윤, 장영심, 장은심

루돌프 슈타이너 교육론의 "핵심"을 만나다

발도르프 교육의 한국 수용사를 돌아볼 때면 스스로 양적 확산과 질적 책임에 대한 책임을 묻곤 한다. 2019년 12월 한국 발도르프 유아교육 국제연대KASWECE가 발족했고, 2021년 5월 발도르프 학교연합 역시 밖을 향해 정체성을 드러냈다. 학교연합 출범식을 위한 축사를 요청 받았을 때는 평소 던지던 내 질문의 방향이 달라졌다. 발도르프 교육은 지금 우리 사회에 어느 정도 스며들었는가? 발도르프 교육 현장의 나무둥치는 튼실한가? 그 뿌리는 깊게 자리 잡았는가? 발도르프 교육의 인지학적 토양은 비옥한가?

우리나라 발도르프 학교의 현재 상황과 공교육의 현안을 직시하는 질문이 늘어났다. 맨 먼저 구호처럼 떠도는 이른바 발도르프 교육의 "현지화" 과정은 어느 지점에 도달했는가? 현지화는 누군가가 머리를 써서 도식적으로 짜맞추는 것이 아니다. 루돌프 슈타이너의 교육론에 본질적으로 다가갈수록 현지화 작업의 실천 사례들은 풍부해진다. 그러니 현지화 노력은 그런 경험들을 바탕으로 창조적으로 도출되어야 한다. 그보다 더 다급한 물음이 있다. 우리나라 공교육이 지향하는 21세기 미래형 혁신교육에 발도르프 교육이 어떤 영향을 미칠 수 있을까? "한 줄 세우기"의 경쟁이 아닌 상생과 협력, 창의성과 도덕성을 바탕으로 한 "인간다움"에 더하여, 포스트 코로나 시대가 요구하는 생태 감수성, 나아가 온라인과 오프라인 세상에서 삶의 대처능력을 지닌 디지털시민과 세계시민을 키우는 미래교육의 이정표 등이 발도르프 교육의 지향점과 상통하니 말이다. 또한 한국 발도르프 현장에 대한 객관적인 진단, 그리고 발도르프 교육이 국내 교육문화의 개선에 참여할 수 있다는 바람도 내부 성찰과 동시에 직관적인 물음으로 이어졌다. 그래서 묻게 되었다. 발도르프 교육의 내적, 외적 발전을 위한 기초 자료들은 충분한가? 폭넓은 확산을 위한 전공자의 추동력은 얼마나 확보되어 있는가? 현장에서 최선을 다하는 교사들의 힘만으로 발도르프 교육의 질적 수준이 계속 유지될 수 있을까?

한 세기를 넘어 세계적인 창의·인성 교육으로 자리매김한 발도르프 교육예술이 한국 발도르프 학교를 활성화하는 데 그치지 않고 공교육에 좀 더 체계적으로 접목되고 응용되려면 현장에서 필요한 다양한 자료를 선별하여 우리말로 옮길 수 있는 번역 인력의 확보가 절실하다. 현재의 일에 대한 몰입을 넘어 미래를 전망할 수 있는 전문 그룹이 있어야 루돌프 슈타이너 전집을 비롯한 발도르프 번역물의 비판적이고 수준 높은 생산이 가능할 것이니 말이다. 한국슈타이너인지학센터는 교육 전문 기관으로서의 사회적 과제를 구체적으로 실천할 방안을 찾던 중에 독일에서 발도르프 교사 자격증을 받고 활동 중인 교사들에게 <번역워크숍>을 제안했다. 이들 대부분은 언제 어디서든 국제 행사를 통역하며 부가되는 보충자료를 번역하는 경험을 했기 때문에 자신의 역량을 키울 수 있는 워크숍의 초대에 기꺼이 호응했다. 미래지향적인 취지에 공감한 현직 교사들은 2021년 1월, 세계적인 코로나 팬데믹의 위기 경보에도 불구하고 첫모임을 가졌다. <번역워크숍>은 루돌프 슈타이너의 강연문을 나누어 각자 번역하여 제출하고 한국인지학출판사의 교열을 받는 방식으로 진행되었다. 매번 모든 번역물을 깐깐하게 수정, 보완하고 번역의 열쇠를 지도하며 워크숍을 이끈 전집발간위원장 여상훈 선생님의 헌신에 참석자들은 큰 배움을 얻었다. 하지만 하루하루 학교 생활에 충실해야 하는 현직 교사들에게 워크숍은 시간적으로 상당한 과부하로 작용했다. 1년간 비정기적으로 모임을 꾸렸지만 결국 시간적 제약 때문에 워크숍을 이어갈 수는 없었다.

　루돌프 슈타이너 원전을 한 줄씩 파고들며 씨름하고 몰입한 과정은 구성원들에게 새로운 도전이자 소중한 경험이 되었고, 모두들 크고 작은 결실을 얻었다. 우리가 선정한 자료 중에서 슈타이너의 강연 두 편, "교육과 예술", "교육과 도덕"은 1923년 3월 독일 슈투트가르트에서 열린 교사 컨퍼런스의 기조 강연문으로, 여기서 슈타이너는 발도르프 교육예술의 핵심 개념들을 상세히 다루고 있다. 제2차 세계대전 이후 역사의 시련을 딛고 1957년 독일에서 발도르프 교육 운동이 재건될 때 이 두 편의 강연록은 단행본으로 출간되어 널리 읽혔다. 세월이 흘러도 교육의 초석은 변하지 않는다. 발도르프 교육 100주년을 기념하여 괴테아눔의 교육분과와 헤이그 발도르프 국제기구"Haager Kreis"가 5년간 추진한 국제 교사교육 프로젝트ITEP에서는 "지금 발도르프 교육의 변화가 불가피하므로" 발도르프 교사 양성을 위한 전문교육과 이들의 지속적인 성장을 위해 "교육적 창의성"이 담보되어야 한다는 결론에 도달했다. 이런 논의에서 기본자료로 제안된 것이 바로 이 두 편의 기조 강연이 담긴 전집이었다GA 304a. 특히 이 두 강연에는 루돌프 슈타이너가 발도르프 유아교사와 학교교사가 인간의 본질을 파고 들어야 하는 이유, 예술 활동의 중요성, 도덕적 성품의 형성 과정, 도덕 교육의 의미와 방법 등을 영유아기와 아동청소년기의 영혼 발달과 연결하여 상술하고 있다.

여러 발도르프 교육자의 뜻을 모은 <번역워크숍>에서 함께 작업한 결과물이 단행본으로 탄생했다. 이 소책자가 널리 퍼져 나가기를 희망하며, 특히 학부모를 포함하여 발도르프 교육예술의 관심자들에게는 입문서로, 발도르프 영유아교사 및 학교교사들에게는 새롭게 기초를 다지는 필독서로 추천한다.

2023년 9월 15일, 목천에서 이정희

목차

교육과 예술

슈투트가르트, 1923년 3월 25일

1 　　　존경하는 참석자 여러분, 아주 오래 전 고대 그리스로부터 인류에게 전해진 문장이 하나 있습니다. "인간이여, 그대 자신을 알라." 많이들 언급하는 이 유명한 문장은 경고의 말이 되어 영혼의 깊은 곳까지 울립니다. 엄청난 것으로 받아들여지지 않는 경우가 많지만, 사실 사람들을 향한 엄청난 요구를 담은 문장입니다. 영혼과 정신의 귀중하기 짝이 없는 활동을 통해 세계 안에서 자신이 지닌 참되고 올바른 의미를 알아내라는 요구라고 할 수 있겠습니다.

2 　　　본디 한 시대의 의미 있는 지점에서 인류에게 주

어지는 이런 요구는 가벼이 여기거나 쉽사리 채울 수도 있는 어떤 것을 가리키기보다는 어느 시대의 해결하기 어려운 특별한 결핍이 무엇인지 보여 주는 것이 보통입니다. 그리고 외면적이고 이론적이 아니라 감각적으로 역사를 보는 관점에서 인류의 고대를 돌이켜볼 때 우리는 고대 그리스에서 이런 요구가 등장했다는 것이 근본적으로 보면 인간이 자신을 인식하는 능력, 즉 인간을 깊이 파고드는 인식 능력의 상승이 아니라 하강을 의미한다는 것을 느끼게 됩니다. 말하자면 인류의 발달 과정에서 종교적 감각, 예술적 직관, 관념과 이상에 대한 인식이 조화를 이루던 시대를 돌이켜보면, 그렇게 종교와 예술과 학문이 조화롭게 통합되어 있는 시대에는 인간 자신이 세계에서 생동하고 주재하는 신적인 정신의 모상이자 초상임을 당연하게 여겼음을 느끼게 됩니다. 인간이 자신을 신이 보내주어 이 지상에 사는 존재로 느꼈던 것입니다. 또한 근본적으로 보면 아득히 먼 고대의 인류는 신에 대한 인식에서, 즉 인간 안에서 주재하는 정신적 근원인 동시에 세계의 근원으로 느끼고 생각한 신에 대한 인식에서 자신에 대한 인식을 찾는 것이 당연한 일이었습니다. 정말 오래 전에 인간이 우리 언어에서 "나"에 해당하는 말을 했을 때, 그것은 동시에 우주 존재가 가진 모든 핵심적인 여러 힘의 총합을 표현하는 말이기도 했으며, 자신의 고유한 자아를 가리키는 그 말에서 동시에 우주 안에서 창조적인 작용을 하는 어떤 것을 가리키는 소리를 낸 것입니다. 왜냐하면 그 자신의 가장 깊은 내면에서 그 우주와 자신이 하나임을 느꼈기 때문입니다. 이전에는 외부 자연의 색채들이 감각기관인 눈에 보이듯 당연했던 것이 그 뒤 언젠가 파악하기 어려워지고 말았습니다. 그리고 만약 자기 인식을 향한 요구가 등장했다면, 그리고 지상의 인간에게서는 거의 들을 수 없었을 그 경구, "그대 자신을 알라"는 말을 외계의 존재로부터 들었다면, 그는 이렇게 되물었을 것입니다. "무엇 때문에 자기 인식을 위해 애써야 하는가?" 우리 인간은 이 세상에서 빛나고 소리를 내고 온기를 주고 축복하는 신적 정신의 모상입니다. 바람이 나무 사이를 지나며 무엇을 옮기고 번개가 공기를 뚫고 무엇을 보내는지, 천둥은 무엇이 구르는 소리이며 구름 속에는 어떤 변화가 일어나고 풀잎 안에는 무엇이 사는지, 이런 것을 알아차리는 사람은 인간 자신이 무엇인지도 인식할 것입니다.

3   인간의 자주성이 발달하면서 그런 세계 인식, 신적 정신에 대한 인식이 이제는 불가능해졌을 때, 인간의 가장

깊은 내면에서 "그대 자신을 알라"는 소리가 울려 나오게 되었으며, 이는 한때 세상에서 함께 활동한 인간에게는 당연했으나 시간이 지나면서 애를 써야 얻을 수 있게 된 능력을 가리켰습니다.

4   "인간이여, 그대 자신을 알라"는 말이 등장한 때부터 19세기의 3분의 2가 흐른 뒤 또 다른 발언이 나올 때까지의 시기는 인간 영혼의 발달에서 아주 중요한 시기였습니다. 사실 이 또 다른 발언은 "그대 자신을 알라"는 아폴로적 경구에 대한 대답으로 나왔습니다. "이그노라비무스 Ignorabimus!(우리는 앞으로도 아무것도 알지 못할 것이다)"라는 이 발언은 19세기의 3분의 2가 흐른 시점에서 어느 뛰어난 자연과학자에게서 나왔습니다. 그리고 이 "이그노라비무스"라는 말을 그 옛날의 아폴로적 경구에 대한 대답으로 여길 수밖에 없는 것은, 이 말의 장본인인 뒤브와-레이몽Du Bois-Reymond이 자연에 대한 근대의 인식은 그 엄청난 발달에도 불구하고 한편으로는 인간 의식, 그리고 다른 한편으로는 물질이라는 두 한계에 부딪혀 좌절할 수 밖에 없다고 했기 때문입니다. 의식과 물질 사이에 존재하는 것, 그것을 인간이 인식할 수 있으리라는 말이 자연과학자의 입에서 나왔

으니, 그는 자연과학이 발달할 때 무엇을 할 수 있는지를 확실히 알고 있었을 것입니다. 그러나 인간의 물질적인 신체 안에 의식 세계로 존재하는 것이 무엇인지, 인간의 신체 안에서 물리적인 방식으로 일어나는 것이 어떻게 영혼의 내적 체험으로 바뀌어 의식을 주재하게 되는지 등에 대해서는 인간이 결코 인식할 수 없으리라는 것이 그의 견해입니다. 하지만 인간의 물질적 몸 안에서 이루어지는 의식 활동, 즉 인간의 물질적 몸이 의식의 자극에 의해 속속들이 정신화되는 것이 바로 인간입니다. 그러므로 의식이 어떻게 인간의 물질적인 몸의 모든 곳에서 흐르고 물결치고 작용하는지, 어떻게 물질 자체가 의식을 밝히는 빛이 되도록 일깨워지는지 인식하지 못하는 사람은 아무리 노력한다 해도 "인간이여, 그대 자신을 알라"라는 요구를 채울 생각조차 못 합니다.

5   "인간이여, 너 자신을 알라"와 "우리는 앞으로도 아무것도 알지 못할 것이다"라는 이 역사적인 두 발언 사이에는 인간의 영혼 발달에서 의미심장한 시기가 놓여 있습니다. 이 시기에는 세상에 모습을 드러내는 신적 본질에서 인간의 본질을 찾는 것이 당연한 일이었을 정도로 고대로부

터 내려오는 인간의 내적인 힘이 아직 존재했고, 그래서 사람들은 인간이 내적인 힘을 동원해서 노력한다면 점차 자기 인식에 도달할 수 있다고 생각했습니다. 그러나 그 내적인 힘은 점점 약해졌습니다. 그래서 19세기의 3분의 2가 흐른 시기에 그 힘은 너무나도 약해져서 결국 자기 인식의 태양이 저물자, "인간이여, 너는 너 자신을 결코 알지 못하리라"는 아폴로적 긍정을 부정하는 말이 울려 퍼지게 되었습니다.

6   그런데 자연 인식, 즉 현대인이 필요로 하는 방식으로 완전히 빠져버린 그런 자연 인식이 결국 인간은 물질 안에서 작용하는 의식을 전혀 알 수 없다고 고백할 수밖에 없는 상황이라면, 그런 고백은 달리 말해서 인간 인식이란 불가능하다는 이야기밖에 되지 않습니다. 하지만 여기서 우리는 또다시 다음과 같이 달리 말해야 할 것입니다. "인간이여, 너 자신을 알라"는 경구가 나왔을 때는 이미 신에 대한 인식인 자기 인식이 저물고 있을 때였던 것과 마찬가지로, "오, 인간이여, 그 어떤 자기인식, 그 어떤 인간 인식도 얻기를 단념하라"는 요구가 나왔을 때는 자기 인식, 즉 인간 인식에 대한 포기 또한 이미 저물고 있었다고 말입니

다. 또한 그 발언은 발언에 들어 있는 내용을 가리키기보다는 인간 안에서 체험된 정반대의 것을 가리키고 있습니다. 왜냐하면, 자기를 인식하는 힘이 계속 약해진 것은 지성의 이론적 요구나 그 어떤 과학적인 자극에 의해서가 아니라 인간을 인식하려는 인간의 마음에서 오는 자극, 즉 인간을 인식하려는 인간 영혼에서 나오는 가장 깊은 충동의 자극에 의한 것이기 때문입니다. 인간이 그토록 뛰어난 자연 인식의 방식을 파고들어 현대인에게 많은 것을 제공했지만 그런 자연 인식으로는 인간의 본질을 파고들지는 못한다는 것을 느꼈으니 말입니다. 그러나 인간의 본질을 파고들 방법은 반드시 있을 것입니다.

7   이렇게 우리가 인간 인식의 가능성을 부정하는 말을 하면서 거꾸로 자연 인식을 통해 새로이 인간을 인식해야 한다는 요구를 내놓는 데 참여했다면, 본질적으로 보아 우리는 인간 활동의 여러 분야에서 인간의 교육적 충동, 즉 교육과 수업이 필요한 성장하며 발달하는 인간과의 올바른 관계 형성을 향한 충동에 한 발 들여놓은 것입니다. 앞에서 언급한 것처럼 모든 인간 인식을 단념하라는 말이 나온 그 시대에, 제대로 이해했다면 그야말로 모든 인간 인식의 단

념을 요구하는 말인 그런 발언이 나온 바로 그 시대에 공교롭게도 교육과 수업 체계를 걱정하는 인간 영혼들에게 새로운 확신이 생겼습니다. 그 확신은 감각과 지성에 대한 피상적 인식인 주지주의가 인간에게 접근하려 하지만, 그런 것은 성장하는 인간인 아이, 성인이 되어가는 남녀 청년들을 교육하고 가르칠 수 있는 어떤 것을 인간에게 제공하기에 적절치 않다는 것이었습니다. 따라서 이 시대에 우리는 근대가 원하는 인식과 연관된 것을 성공적으로 이뤄 낸 지성을 양성하기 위해서는 인간의 감각, 정서, 의지의 힘들에 호소해야 한다는 확신을 어느 경우에나 가지게 됩니다. 아이에게서 지적인 것을 우선시하여 돌보아서는 안 된다는 것, 즉 많이 알 뿐 아니라 무엇인가를 할 수 있는 아이로 키워야 한다는 것입니다.

8 　　그런데 바로 이런 교육적인 요구에서 기묘한 주장이 펼쳐집니다. 우리가 인간의 본질을, 성장하는 인간인 아이의 본질을 들여다보려 하지 말아야 한다는 것입니다. 자연을 인식하는 것과 같은 방식으로 인간에 대해 알아낸다고 해도, 그것이 교육과 수업에서 아이를 올바르게 대하는 데 도움이 되지는 않으리라는 주장입니다. 여기서 현대의

교육예술에서는 특별한 움직임 또는 흐름이 있는데, 그것은 제대로 된 인간 인식을 사려 깊게 그리고 의식적으로 교육의 바탕으로 삼는 일을 전혀 고려하려 들지 않는다는 것입니다. 의식적인 자극에 의지하여 교육적 본능을 따르기보다는 모호하고 잠재의식적인 자극을 따르면 그런 자극이 교사와 교육자 안에서 작용할 것이라고 여깁니다. 그런 것을 판단할 줄 아는 사람이라면 오늘날 교육 분야에서 이루어지는 그렇게 많고 다양할 뿐 아니라 부분적으로는 칭찬할 만한 분야의 노력이 바로 그런 흐름에 의해 좌우된다는 것, 그리고 그로 인해 어느 경우에나 인간 본성의 기본 요소인 본능적 충동에서 이상적인 교육과 교수법을 이끌어 내려 한다는 것을 알게 됩니다.

9   서술한 것처럼 인간과 깊이 연관된 요즘 정신 생활의 주세를 들여다보는 사람만이 교육적인 의미로 학교에서 아이들을 상대로 창의적인 교수법을 발휘하며, 여기서 말하는 정신과학을 통해 얻으려 하는 것의 중요성을 가늠하게 됩니다. 왜냐하면, 예술적인 교육을 주제로 하는 이 회의에서 드러날 모든 노력에서도 그 근간이 될 정신과학, 즉 정신 인식은 신의 인식에서 직접 인간 인식을 얻던 옛날의 원

천에서 나오지 않기 때문입니다. 그 인식은 자연과학의 경이로운 열망을 정신적인 열망으로 이어지도록 하여 인간의 본질을 인식하는 실제적이고 진정한 정신과학을 가능하게 만드는 원천에서 나옵니다. 또한 의식적으로 수업과 교육의 과제를 수행하려 할 때는 인간 본질에 대한 그런 인식이 반드시 필요하게 됩니다. 인류의 발달 과정에서 우리는 한번 본능에만 의존하는 삶을 넘어선 적이 있습니다. 우리는 본능, 즉 기본적이며 원초적인 것을 잃어버리지 않고도 인간이 우리의 삶에서 다루어야 할 그 존재들 안으로 의식적으로 파고 들어가야 합니다.

10　　확실하게 인식하는 것을 중요하게 여기기보다는 경이롭게 다가오는 본능적인 충동을 따라야 한다는 이야기가 그럴 듯하게 들릴 수도 있습니다. 하지만 그런 생각은 우리 시대에는 맞지 않습니다. 그 이유는 다름 아니라 인류 발달의 전체 흐름에서 인간으로서 우리가 본능적인 체험, 즉 충동에 의존하는 삶에서 얻었던 확실성을 잃어버리고 이전의 삶 못지 않게 원초적이고 기초적이면서도 완전한 의식 상태로 들어갈 수 있는 새로운 확실성을 획득해야 했기 때문입니다.

11 　　　올바른 방법, 그리고 자연을 연구하는 오늘날의 모든 방식을 수용하여 인식을 얻으려는 열정을 가진 사람의 경우에는 감각을 사용하고 실험적 연구에 갖가지 기구를 동원하는 그런 특별한 방식이나 감각적으로 인식한 것을 대상으로 하는 지적 판단이라는 독자적인 자연 인식 방법으로는 인간 인식에 도달할 수 없다는 사실을 알게 됩니다. 그런 사람이 결국 확인하게 되는 것은 오늘날의 방식으로 물리적인 자연 현상들의 본질을 파악하는 힘과는 완전히 다른 힘들에서 나오는 인간 인식이 틀림없이 있다는 사실입니다.

12 　　　그렇다면 인간이 자신의 본질 안에 있는 어떤 힘들에 어떻게 다가가야 할 것인지에 대해서는 이미 제가 《어떻게 고차적 세계의 인식에 도달할 것인가?》와 《비밀학 개요》에서 언급했습니다. 곳곳의 자연 현상에서도 인식할 수 있지만 영혼 활동을 할 때 인간이 정신의 순수한 빛을 받아 자기 안에 모습을 드러내는 힘들을 깨워 내려면, 그리고 자기 안에서 묻혀 있는 힘들을 끌어내어 모든 물질적인 것을 주재하는 순수 정신을 인식하려면 어떻게 해야 하는지 이야기한 것입니다. 오늘날 우리 정신과학 안에서 완전히 이

해하게 되는 두 가지 사실이 있습니다. 첫째로 자연에 대한 인식으로는 인간에게 다가갈 수 없다는 사실, 그리고 둘째로 순수하게 자연적인 것을 파고드는 이른바 감각적이고 경험적인 자연 연구처럼 세계 안에 있는 정신적인 것 안으로 파고드는 특별한 정신 인식이 있어야 한다는 사실이 그 것입니다. 물론 그런 것은 인식을 위해 노력해야만 제대로 감각하는 가운데 통찰할 수 있다고 말씀드리고 싶습니다.

13   지금까지 되풀이해서 시도되기도 했을 뿐 아니라 많은 이들에게는 당연한 시도로 여겨지기도 합니다만, 오늘날 실험적인 연구와 관찰 연구에서도 분명 사용되는 인식 방법, 즉 특별한 방식의 영혼적 상태를 이 문제에서도 적용해서 인간을 인식하려고 한다면 우리 스스로 자기 안에서 생생히 경험하고 감각적으로 체험하는 인간 본질까지는 뚫고 들어가지 못할 것입니다. 그럴 때 우리는 인간 바깥에 머물게 된다는 것을 압니다. 그러니 저는 모순된 결론을 내릴 수밖에 없습니다. 인식을 향한 열정을 가진 사람이 인간이 무엇인지를 자신 안에서 어떻게 체험하는지를 알아보기 위해 자연 연구의 방식을 인간에게 적용하는 경우에 곧 깨닫게 되는 것이 있습니다. 자연 인식과 유사하게 이루어지

는 그런 인간 인식에서는 감각을 통해서, 자기가 지닌 모든 인식하는 힘을 통해서 알아낼 수 있는 것이 자신의 골격밖에 없다는 느낌을 얻는다고 말입니다. 이는 그야말로 충격적인 느낌으로, 바로 진지하게 얻은 자연 인식에서 나오는 지성적, 감정적 결과입니다. 그런 자연 인식을 통해서 우리는 인간으로서 우리 자신을 골격만 남게 만듭니다. 또한 이렇게 내면에서 충격적인 느낌을 얻을 때 우리는 이제 정말 정신과학을 해야겠다는 내적인 자극을 얻습니다. 생명 없는 자연을 파고들 때와는 다른 방식으로 인간의 본질을 파고들어야 한다고 말하는 것이 바로 정신과학이기 때문입니다.

14   그렇다면 이렇게 우리를 인간의 활동 안으로 제대로 안내하는 인간 인식은 어떤 종류여야 하겠습니까? 그것은 우리에게 저절로 영혼적–정신적인 골격처럼 느껴지는 것이 아니라 다른 무엇인가와 비교할 수 있는 것이어야 합니다. 물질체로서 인간인 우리의 혈액 순환과 호흡 같은 것 안에 있는 것, 느껴지기는 하지만 하나하나 구별해서 지각되지 않는 채로 우리 안에 있는 우리의 존재인 것 말입니다. 일상에서 우리가 혈액 순환과 호흡을 체험하는 방식은

말로 표현하기는 어렵지만 건강한 인간인 우리가 체험하는 것에서 모두 드러납니다. 말하자면 인간 본질에 대한 관념과 직관으로 얻어 내면의 영혼 안에서 가공하여 호흡과 혈액 순환에서 건강 상태를 체험하듯 경험하는 것도 분명 가능할 것입니다. 그런데 여기서 질문이 생깁니다. "그렇다면 교육과 수업을 맡은 사람인 우리를 아이의 본질 안으로 이끄는 인간 인식은 어떻게 얻을 수 있을까?" 하는 질문이 그것입니다.

15   어떻게 우리가 감각적인 외부 자연에 다가가게 될까요? 그것은 우리가 감각을 가지고 있기 때문입니다. 바로 우리의 눈이 우리가 온갖 빛과 색채의 세계로 들어가도록 합니다. 이 세계 어느 영역에 대한 인식을 얻으려면, 즉 어느 영역의 내면적이고 영혼적인 것 안으로 들어가려면 그런 기관이 있어야 합니다. 우리가 영혼적인 것을 얻으려면, 그것을 위한 감각을 가지고 있어야 합니다. 게다가 그런 것들에 다가가는 가운데 외적이고 감각적인 인식을 얻기 위해 인간의 눈이라는 굉장한 구조물, 그리고 그 구조물과 인간 두뇌의 연관성을 연구하는 사람은 괴테가 옛날 신비주의자의 경구를 인용하면서 느꼈던 감정을 깊이 느끼게 될

것입니다. 그 경구는 이렇습니다.

"눈이 태양과 같지 않다면
우리가 어떻게 빛을 볼 수 있을 것이며,
우리 안에 신이 가진 힘이 들어 있지 않다면
신적인 것이 어떻게 우리를 황홀케 할 수 있겠는가!"

눈에 있는 태양 같은 그것은 우리 내면에서 외부의 빛을 받아들이는 데 필요한 창조의 빛입니다.

16   인간이 영혼적인 어떤 것을 취해야 할 때 그가 세계와 어떻게 연관되어 있는지 이해하려면 신체 기관을 잘 들여다보아야 합니다. 신체 기관을 잘 들여다보면, 그것이 우리를 진정한 인간 인식으로 인도합니다. 어떤 감각 기관이 우리를 진정한 인간 인식으로 인도할까요? 외부 자연을 인식하도록 이끄는 것은 우리의 눈과 귀를 비롯한 감각들입니다. 정신세계를 인식하도록 이끄는 것은 내면에서 두루 정신의 빛을 받은 인간 본질로, 그것을 얻는 방법에 대해서는 제가 《어떻게 고차적 세계의 인식을 얻을 것인가?》에서 설명한 바 있습니다. 인식을 향한 인간의 노력에는 실제

로 두 가지 서로 대립하는 개념이 들어 있습니다. 하나는 감각적 인식으로, 이것은 인간의 신체에 자리잡고 있는 기관에 의해 전달됩니다. 다른 하나는 통합적인 어떤 것으로서 자연과 인간 본질 안을 동시에 흐르고 조형하는 정신에 대한 인식으로, 이는 전체 인간으로서 우리가 우리 자신을 어느 정도 정신적인 감각기관으로 만들 때, 즉 우리 안에 있는 모든 힘, 다시 말해서 우리의 전체 인간을 세계 안에 있는 정신적인 것을 인식하는 기관으로 만들 때 얻어집니다.

17   그런데 바로 이 두 가지 대립하는 개념들 사이에 있는 것이 인간에 대한 인식입니다. 우리가 가진 감각들만으로 외부의 자연을 인식하면 앞에서 언급한 이유들로 인해 인간에 다가갈 수 없게 됩니다. 우리가 정신적인 것만을 인식할 때는 – 제가 여기서 말하는 정신과학에 대해 다루는《비밀학 개요》를 비롯한 저의 저서에서 읽으실 수 있듯이 – 이 세계에서 우리 앞에 서 있는 인간을 보여 주는 직접적인 부분이 거의 사라질 정도로 우리의 감각을 정신과 영혼의 차원까지 끌어올려야 합니다. 세계를 조형하는 정신에 속하는 것으로 인간을 볼 수 있게 해 주는 것보다는 인간의 한층 더 깊은 곳으로 우리를 인도하는 무엇인가가 우

리에게 필요합니다. 색채를 인식하려면 눈이 있어야 하는 것처럼, 인간의 본질을 직접 인식하기 위해서는 일종의 감각이 있어야 합니다. 인간 발달의 현재 시점에 그런 감각은 어떤 것일까요? 눈이라는 놀라운 기관으로 다양한 색채를 보고 귀라는 기관으로 다양한 소리를 듣게 되는 것처럼, 이 세계에서 직접 우리 앞에 있는 인간 본질에 다가갈 수 있도록 하는 것은 무엇일까요? 인간을 이해하고 인식하는 데 필요한 감각은 어디에 있을까요?

18   그것은 다름 아니라 예술의 이해를 위해 인간인 우리에게 주어져 있는 감각, 즉 예술적인 감각으로, 이 감각은 우리에게 아름다운 것으로 보이는 물질 안에, 예술에서 만나는 물질 안에 있는 정신의 빛을 우리에게 전달할 수 있습니다. 이 예술적 감각은 동시에 우리로 하여금 바로 지금 인간의 본질을 인식하도록 하는 감각이고, 그래서 그 인식은 실제 삶에서 직접 유효한 내용이 될 수 있습니다. 오늘날의 사람들에게 저의 이런 이야기가 얼마나 모순적인 것으로 들릴지 저는 압니다. 하지만 우리로 하여금 자연에서 보는 외적인 것을 파악하도록 하는 갖가지 관념과 개념을 끝까지 파고들 진정한 용기가 있는 사람, 즉 자연에 대

한 인식에서 얻는 관념과 개념을 자신의 본질 전체를 동원해서 파고들 용기가 있는 사람은 자신에게 "그래, 나는 나의 관념과 개념을 통해서 자연에 정말로 가깝게 다가갔다"고 말하게 되는 경계에 도달할 것입니다. 이 경계에서 그는 무엇인가에 이끌려 자연을 파악하도록 하는 개념과 관념을 떠나고 그런 관념들의 예술적인 형상으로 올라가게 된다고 느낍니다.

19   이같은 이유로 1894년에 쓴 책 《자유의 철학》에서 저는 "인간을 이해하는 데는 관념에 대한 추상적인 이해가 아니라 관념의 예술이 필요하다"고 했습니다. 자연을 파악하게 해 주는 개념의 추상성을 생생한 예술적 직관으로 바꾸는 변화를 얻어 내야 합니다. 우리는 그렇게 할 수 있습니다. 인식이 예술로 옮겨가도록 해야 예술 감각을 사용할 수 있게 됩니다. 그저 자연 인식에 의존하는 한에는 의식이 어떻게 물질에 구속되는지를 결코 이해할 수 없지만, 자연을 인식하는 개념과 관념으로 하여금 예술적인 개념으로 옮겨가도록 하는 경우에는 갑자기 눈에서 비늘이 벗겨집니다. 그러면 모든 관념적인 것은 내면의 예술적 직관으로 바뀌고, 이때 우리가 보는 것은 어느 정도는 인간의 본질에 해당

하는 것입니다. 이는 눈에 의해 포착된 색채가 식물을 비롯해서 자연 안에 있는 사물들까지 포괄하는 것과 같습니다. 눈이라는 신체적인 감각이 색채를 파악하는 것이 색색의 자연 현상들과 하나로 결합되어 있는 것과 마찬가지로, 예술 감각은 인간의 본질과 내면적으로 연결되어 있습니다. 그리고 우리는 눈으로 색채를 보고 난 다음에야 비로소 그 색채에 대해 생각하게 됩니다. 예술 감각을 통해서 인간의 본질을 확인한 다음에야 우리는 추상적인 개념과 관념을 따라갈 수 있게 됩니다.

20   그렇게 과학이 예술이 되면, 인간에 대한 우리의 모든 지식과 우리가 예술을 통해 인간에게서 꿰뚫어 본 외적 형상에 대해 깊이 생각하게 됩니다. 그러면 우리로 하여금 스스로 골격에 불과하다고 느끼도록 하는 그런 영혼의 고유한 소유물이 아니라 예술적으로 바뀐 인간 본질에 대한 관념과 개념에서 얻는 것과 하나가 될 수 있으며, 그러면 그것은 혈액과 호흡의 흐름이 신체 안으로 흐르는 것처럼 영혼 안으로 흐릅니다. 그러면 이제 인간 안에는 생명이 가득한 무엇인가가 있게 되는데, 그것은 우리가 정상적인 호흡과 혈액 순환을 표현하는 "나는 건강하다"라는 느낌처럼

생명으로 가득합니다. 건강이 들어 있는 물질체처럼 인간 본질들을 품고 있는 감각 전체 안으로 뚫고 들어가는 것은 정신으로 고양된 인간에 대한 직관에 앞서 예술 감각을 통해서 바로 이 순간을 살고 있는 것에 대한 직관으로 얻는 인간 인식에 의해 가능합니다.

21　　　　우리 안에서 호흡과 혈액 순환이 의지와 행위가 되는 것처럼 그런 진정한 인간 인식으로 얻는 모든 직관이 동시에 의지와 행위가 된다는 것을, 그리고 그런 인간 인식의 결과로 얻게 될 것이 무엇인지를 이런 방식으로 숙고할 때는 무엇인가를 비교해 보는 것이 답을 얻는 데 도움이 됩니다. 이 경우 비교한다는 것은 그저 단순한 비교를 뜻합니다. 말하자면 추상화하는 것을 바탕으로 하는 비교가 아니라 실제에서 이끌어 내는 비교라는 것입니다. 그렇다면 인간 본질 전체에 기인하는 건강한 상태란 무엇일까요? 전혀 표현할 필요도 없이 그저 어렴풋하게 체험하기만 하는 기본 감각, "나는 스스로 이 세계 안에 있는 건강한 인간이라고 여길 수 있도록 되어 있다"라는 기본 감각은 무엇이 될까요? 이 건강한 인간 안에서 나타나는 것은 무엇일까요?

22　　　그것은 인생의 정화精華입니다. 이 인생의 정화는 바로 사랑의 힘입니다. 건강을 비롯해서 모든 영혼의 건강한 힘들도 결국에는 우리 곁에 있는 타인을 사랑으로 이해할 수 있는 감정으로 하나가 됩니다. 우리가 우리 안에 있는 인간을 건강하게 인식할 수 있기에 그렇습니다. 이렇게 이 건강한 인간 인식으로부터 타인을 똑같은 인간으로 인식하는 사랑이 나옵니다. 그런 인간 인식은 이렇게 또는 저렇게 해야 한다는 식으로 피상적으로 바꿔야 하는 기술자들의 이론적인 지시가 되지 않습니다. 오히려 그런 인간 인식은 직접적이고 내적인 체험이 되고 삶의 직접적인 실천이 됩니다. 왜냐하면 그런 인식은 변화 과정에서 사랑의 힘 안으로 흘러들기 때문입니다. 그것은 행동하는 인간 인식이 됩니다. 내가 교육자로서, 교사로서 아이 앞에 서면, 영혼적이고 정신적인 사랑 안에서 펼쳐지는 나의 인간 인식으로부터 아이에 대한 인식이 싹터 나옵니다. 나는 자연과학에서 본뜬 것과 같은 지시나 인간에 대한 이론적인 관찰을 교육에 먼저 동원할 필요가 없습니다. 나는 건강한 호흡, 건강한 혈액 순환을 나의 온전한 건강 상태로 체험하는 것처럼 인간 인식을 느끼기만 하면 됩니다. 그러면 올바른 방식으로 생기를 얻은 올바른 인간 인식이 교육예술이 됩니다.

23   이 인간 인식은 어떻게 될까요? 그것은 앞에서 언급한 것처럼 될 것입니다. 자신의 인간 인식이 사랑의 날개를 움직이고, 타인의 인간적인 환경에 작용하며, 무엇보다 아이의 인간적인 환경에 힘을 미칠 것입니다. 우리가 얻은 인간 인식은 신념이 되어, 그 신념 안에서 인간 인식이 사랑으로 살아 있을 것입니다. 교육이 교사와 교육자가 가진 신념에 좌우되는 일이라는 것, 아이의 지성만 함양해서는 안 된다고 설교만 할 것이 아니라 제대로 지적인 방법으로 교육에 임하되 지성만 함양하지는 말아야 한다는 것, 이것이 오늘날 교육에서 가장 중요한 바탕입니다. 아이를 지적으로만 교육하지는 않으려면 교사는 제대로 지적인 방법으로, 즉 지성을 도구로만 사용해서 작업해야 한다는 것입니다! 우리가 교사를 위한 교육학을 시작하는 중요한 이유가 그것입니다. 예술과는 거리가 먼 지성주의만이 교사에게 영향을 미치게 하지 말아야 한다는 것, 아이 안에 직접적으로 살고 있는 인간에 대한 교사의 인식이 예술적이고 교육적이며 교수방법론적인 신념이 되어 교사와 아이, 교육자와 아이 사이의 접촉이 생겨나고, 그로 인해 실천적인 사랑과 함께 인간 인식이 직접 수업과 교육으로 바뀌는 것 말입니다.

24 　　자연에 대한 인식만으로는 물질적인 몸 안에서 의식이 어떻게 작용하는지 알 수 없습니다. 왜 그럴까요? 자연 인식으로는 예술적인 것이 만들고 조형해 내는 것을 통찰할 수 없기 때문입니다. 인간 인식은 의식이야말로 인간의 물질적인 몸에 예술적으로 다가가는 일종의 예술가임을 우리에게 알려줍니다. 예술 감각을 통해 인간에 대한 인식을 얻으려 하지 않는 한, 우리는 인간에 대해서 "아무것도 알지 못할 것"이라는 상태에서 한발짝도 나아가지 못합니다. 인간 안에 있는 의식이 물질 안에서 스스로 예술적인 창조자라는 사실, 인간 본질을 파악하려 한다면 예술적인 창조자를 파악해야 한다는 사실을 인식하기 시작할 때에만 우리가 "아무것도 알지 못할 것"이라는 상태를 벗어나게 됩니다. 또한 우리는 이론적인 인식만이 아니라 내면에서 작용하고 의지 안에서 활동하는 인식, 즉 삶의 실제가 되고 삶의 실제와 하나가 되는 인식에 도달합니다.

25 　　이렇게 하여 성숙하고 있는 인간 앞에, 스스로 발달하는 아이 앞에 서는 사람은 예술 감각에 의해 얻어지고 사랑의 날개에 실려 전해지는 인간 인식을 통해서 무엇이 아이 안에서 자라고 있는지를 들여다보게 됩니다. 그런 사

람은 그뿐 아니라 여러 가지를 들여다봅니다만, 저는 특히 한 가지를 언급하려 합니다. 그런 사람은 놀이에서 일로 옮겨가는 발달이 아이 안에서 자라나고 있음을 알아챕니다. 아이는 놀이를 합니다. 아이는 놀이를 당연한 것으로 여깁니다. 어른은 일을 해야 합니다. 불가피하게 일을 해야 하는 상황에 놓여 있는 것입니다. 오늘날 우리의 사회생활을 둘러보면서 우리는 아이의 당연한 놀이와 사회적으로 강제된 어른의 일의 대립을 확인하고는 이렇게 말합니다. "아이를 관찰하면 아이가 놀이에서 하는 행동이 인간의 본질에 필수적인 활동이 발달하는 것에서 해방감을 느껴 즐거워하는 모습이 보인다." 우리는 아이가 놀이에서 하는 것이 스스로 원해서 하는 활동이 아니라는 사실을 상상조차 할 수 없습니다. 왜 그럴까요? 그것은 놀이가 인간의 본질에서 빠져나가기를 원하는 활동에서 해방되는 것이기 때문입니다. 인간 안에 있는 인간적인 활동을 해내는 데서 오는 즐거운 해방감, 그것이 아이의 놀이입니다.

26   그리고 오늘날 종종, 아니, 거의 언제나 그렇다고 해도 되겠고 또 미래에는 점점 더 그렇게 되겠지만, 오늘날 인간의 발달에서 일이라는 것은 인간에게 무엇이 될까요?

일은 삶을 짓누르게 됩니다. 아이는 자신을 해방시키는 놀이의 기쁨에서 나와 평생 자신을 짓누르는 일에 빠져들게 됩니다. 이런 극명한 대립을 제대로 들여다보면 우리는 이런 심각한 질문을 하게 됩니다. "아이를 해방시키는 놀이의 기쁨과 평생을 속박하는 일 사이를 잇는 가교는 어떻게 하면 만들어질까?" 제가 지금까지 언급한 예술적 인간 인식으로 발달하는 아이를 추적하는 사람은 학교에서 예술을 적용하는 가운데 그런 가교를 발견합니다. 학교에서 올바른 방식으로 적용된 예술은 역시 올바른 방식으로 아이를 해방시키는 놀이의 기쁨을 지나 일을 하도록 이끕니다. 이렇게 둘 사이에 제대로 된 가교가 만들어진다면 사람들은 일을 반드시 필요한 것으로 받아들이면서도 짓누르는 짐으로 느끼지는 않습니다. 그리고 일과 짓누르는 짐을 분리하지 않는다면 우리는 사회적인 문제를 절대로 해결할 수 없습니다. 살면서 아이를 해방시키는 놀이의 기쁨과 사람을 짓누르는 일이라는 대립이 교육을 통해서 해소되지 않는다면, 사회적인 문제는 언제든 다른 양상으로 다시 나타날 것입니다.

27   예술적인 것을 교육학에, 교육과 수업에 들여놓는

다는 것은 무슨 뜻이겠습니까? 다른 곳도 아니고 학교에서 예술적인 것을 사용한다는 것에 대해서는 쉽사리 아주 잘 못된 생각을 할 수 있습니다. 일정한 방식으로 지성을 함양 해야 한다는 사실은 누구나 이해합니다. 오늘날의 삶을 유 지하기 위해 인간이 어느 정도 지적 교육을 받아야 한다는 것이 우리의 근대적 의식 안에 새겨져 있기 때문입니다. 그래서 학교에서 필수적인 지적 교육을 받아야 한다는 것을 무시하게 되지는 않습니다. 인간적 존엄, 다시 말해서 온전한 전체 인간이란 도덕적 교육 없이는 이루어지지 않는다는 사실은 누구나 알고 있습니다. 도덕적이지 않은 사람은 마치 영혼적, 정신적 장애를 가진 사람처럼 전체 인간이 아니기 때문입니다. 이런 연유로 한편으로는 지적 활동의 발달에, 또 한편으로는 의무와 덕이라는 성스러운 개념에 관심을 가지게 됩니다. 그러나 완전히 자유로운 가운데 사랑 안에서만 인간에게 주어질 수 있는 것, 즉 예술적인 것에 늘 관심을 가지는 것은 아닙니다.

28   실러Schiller가 그랬던 것처럼 우리는 아동기라는 성장 과정을 지나고 있는 인간의 본성에 대한 깊은 존중을, 그런 인간의 본성에 대한 특별한 사랑을 가져야 합니다. 아쉽

게도 합당한 평가를 받지 못한 그의《인간의 미적 교육에 관한 편지》에서는 그런 사랑에 대한 존중이 놀랍도록 훌륭한 방식으로 저술의 바탕이 되었습니다. 독일 정신사에서 이는 교육 현장에서 예술적인 것이 얼마나 가치 있는지를 인정한 사례로, 그것을 우리 교육의 출발점으로 삼아도 될 것입니다. 또한 실러의 통찰은 정신과학에서 얻을 수 있는 것을 통해서 더욱 깊어질 것입니다. 그러려면 아이의 놀이를 보면서 무엇이 이루어지는지 확인해 보면 됩니다. 인간 본성은 그와는 달리 활동할 수 없으니 말입니다. 아이가 자신의 유기체로부터, 자신의 인간적 본질로부터 무엇을 내놓고 그것에 놀이가 어떻게 연결되는지를 관찰해 보십시오. 삶에 필요한 외적인 것으로부터 우리에게 일의 내용으로 주어지는 방식, 일을 할 때 우리가 해내는 것이 인간의 본성에서 직접 나오지 않거나 적어도 전체 인간이나 전체 인간 본성에서 나오지는 않도록 하는 방식을 관찰해 보십시오. 그러면 이런 관점에서 인간의 발달이 생애의 아동기에서 성인기까지 어떻게 이루어지는지 알게 될 것입니다.

29   하지만 우리가 결코 놓쳐서는 안 될 한 가지가 있습니다. 보통 우리는 아이가 놀이에서 하는 것을 어른의 관

점에서 봅니다. 정말 아이의 놀이를 어른의 관점에서 관찰합니다. 그런 일이 없다면 학교에서 아이가 "놀면서 배우도록" 해야 한다는 얄팍한 말을 되풀이해서 듣게 되지는 않을 것입니다. 아이가 놀면서 배우도록 한다는 것처럼 끔찍한 일은 없습니다. 인위적으로 아이로 하여금 놀면서 배우도록 이끈다면, 그런 아이는 어른이 되어 삶을 놀이로 살게 되는 결과밖에 얻지 못합니다. 학습은 늘 재미있어야 한다는 얄팍한 말을 하는 사람은 아이의 놀이를 어른의 관점에서 보는 것입니다. 그런 사람은 어른이 놀이를 할 때와 같은 내면의 상태로 아이가 놀이를 한다고 생각합니다. 어른에게는 놀이가 삶에 동반되는 재미이고 장난이지만, 아이에게 놀이는 삶의 진지한 내용물입니다. 아이는 언제나 놀이를 진지하게 여기며, 그렇게 놀이를 진지하게 한다는 것은 아이들이 하는 놀이의 본질입니다. 놀이의 진지함을 파악하는 사람만이 놀이를 올바르게 이해합니다. 아이의 놀이에서 외부의 사물과 세계를 다룰 때 인간의 본성이 어떻게 그 안으로 진지하게 투입되는지를 관찰하는 사람이라야 학교에 오는 아이의 재능과 능력과 힘을 놀이로, 말하자면 가능한 모든 방법으로 예술적인 활동으로 연결해 줄 수 있습니다. 이때 우리는 내적인 활동을 위한 여지도 가지는 동시에 일을 할 때처럼 외부의 재료와 씨름해야 합니다. 그렇게 되면 우리는 아이에게 제시하는 예술적인 것 안에서 예술적인 것을 배우는 기쁨이 진지함과 결부될 수 있도록 교육한다는 것이 무엇인지를 알게 됩니다. 그런 교육이어야 학교에서 아이에게 재미와 기쁨을 주는 것조차 충만한 개성과 연결될 수 있습니다.

30   입학할 때부터 9, 10세에 이르는 저학년 시기에 동화 들려주기에 머물지 않고 발달하는 인간 본성을 인식하여 그것을 바탕으로 모든 것을 이끌어 내어 예술을 실행하면, 입학할 때까지 아이가 하던 놀이 활동을 예술 활동으로 이끌 수 있으며, 학교에 들어오는 시기의 아이도 전적으로 그런 변화에 따를 능력을 지니고 있습니다. 6세, 7세에 입학하는 아이가 조소에 서툴거나 종이에 색칠을 하는 데도 서툴고, 노래 부르기 등의 음악 활동이나 시와 예술적인 활동을 하는 것이 내적으로 힘든 경우, 그런 아이의 서툰 상태로 인한 모든 것을 인정하는 가운데 예술적인 것을 올바른 방법으로 아이에게 전달하는 방법을 이해할 때 우리는 조소와 색칠하기 등에서의 그 모든 서툰 상태에도 불구하고 내적으로 어린 조소가, 어린 화가인 아이가 인간의 깊은 본질

이 손가락 끝에, 인간의 피부에 갇혀 머물지 않고 세계로 흘러 나간다고 느끼고 있음을 알게 됩니다. 어릴 때부터 이미 인간은 흙과 나무 조각과 색채를 다루도록 자람으로써 세계 속으로 성장해 들어갑니다. 몸이 커지면서 아이는 인간 본질이 세계 본질과 내밀하고도 밀접하게 얽혀 있다는 사실을 느끼는 방법을 배웁니다. 아주 서툰 상태지만 아이를 올바른 방법으로 조소나 그리기 활동으로, 그리고 올바른 방법으로 음악과 시적인 감수성으로 이끌어 주면, 세계와의 얽힘을 통해 아이는 자신의 본질 안에서 그 음악과 시를 체험하고, 그러면 아이는 천부적인 재능을 가진 것처럼 보통의 자기 안에 있는 두 번째 인간을 포착하게 됩니다. 음악적이고 시적인 언어 조형으로 우리는 은혜롭게도 어떤 존재가 우리에게 내려온 듯한 것을 만나게 되고, 그것으로 인해 우리는 아이에게서 느끼게 됩니다. "정신적인 하늘에서 내려와 너의 협소한 인간 본질을 움켜쥐는 무엇인가가 네 안에 있구나." 하는 것을 말입니다.

31 우리가 예술적으로 관찰하고 예술적으로 감각하고 예술적으로 교육하고 수업하면서 아이와 지내면, 흙, 나무, 색채를 가지고 조소하고 그리는 작업을 서툴게 하는 아

이의 이 특별한 생명과 영혼의 소질에서 어떤 것을 이끌어 내어야 하는 것인지를 알게 됩니다. 아이의 손에서 조형 예술의 예술적인 것이 흘러나오는 모습을 보면서 우리는 아이를 깊이 알게 되고, 아이의 한계를 알게 되며, 아이의 재능을 알게 됩니다. 또한 아이와 함께 지내면서 아이가 자신의 감각 전체와 모든 힘을 정신적인 세계 쪽으로 향하게 하여 다시금 정신적인 세계로부터 물질적 감각 세계로 힘들을 가져오는 대단한 능력이 있다는 것을 알게 됩니다. 인간인 아이와 고차적 정신세계의 관계 전체를 알게 됩니다. 교육하고 수업하는 사람으로서 아이와 함께 지내면서 음악적이고 시적인 것을 아이에게 전하는 가운데 우리는 아이가 언젠가는 가지게 될 힘을 알아차리는 법을 배웁니다.

32   그런 다음 이 조소, 음악과 같은 예술을 직접 인간에게 전달하고 오이리트미 동작으로 아이에게 가르치면, 그리고 말로는 언어로는 추상적이 되는 것을 오이리트미로 직접 인간의 몸 안에서 생생하게 깨어나도록 하면, 우리는 음악과 시의 바탕이 되는 정신과 조소-미술의 물질에 스며든 정신 사이의 내적 조화를 인간 안에 만들어 냅니다. 정신의 빛을 받은 인간 의식은 영혼적으로, 그리고 예술적으로

인간의 물질적이고 물리적인 몸 안으로 짜여 들어갑니다. 아이 안에 있는 정신과 영혼을 깨우는 가운데 우리는 수업하는 방법을 배웁니다. 아이의 일생을 위해 건강을 돕고 성장을 촉진하고 건강한 힘을 주는 수업을 하는 방법을 배웁니다. 그런 것들을 숙고하면 우리는 예술적으로 지혜롭고 아름다운 그리스 경구를 떠올리게 됩니다. 고대 그리스 인들은 페이디아스Pheidias의 제우스 상이 건강을 가져다 주는 마법을 지니고 있다고 믿었습니다. 물론 진정한 예술은 그저 인간에게 다가와 인간의 영혼과 정신을 사로잡을 수 있는 것이 아닙니다. 진정한 예술은 인간을 성장시키고 건강하게 하며 피어나게 합니다. 진정한 예술은 언제나 사람을 치유하는 마법을 지닌 것이었습니다.

33   교육자이자 교사로서 예술을 사랑할 줄 알고 인간 본질을 제대로 존중할 줄 아는 사람은 건강을 가져다 주는 놀라운 도구인 예술을 자신의 모든 수업과 교육에 심어 넣을 수 있습니다. 그렇게 되면 우리가 학교에서 하는 지적 교육 안으로, 우리가 정서 교육과 종교 교육으로 발달시켜야 하는 것 안으로 저절로 이루어지듯 흘러드는 것이 있습니다. 그것은 한편으로는 인간의 자유에 의해, 그리고 또 한편

으로는 인간의 사랑에 의해 전달됩니다. 그것은 예술로부터 번져 나오는데, 그러려면 교사 자신이 예술적이어서 아이들의 예술적 감각에 호소해야 하고, 아이들의 예술적 감각과 더불어 예술적으로 가르치고 수업하면서 살아야 합니다. 모든 종류의 교육과 모든 종류의 수업에 대한 올바른 교육적 작용과 올바른 인간적 작용은 수업과 교육을 할 때의 예술적 감각에서 번져 나옵니다. 다른 수업 내용을 위해 예술적인 것을 남겨 두려 할 것이 아니라, 수업과 교육의 전체 구성 요소 안에 예술적인 것을 편입시켜야 합니다. 지성을 위한 것과 정서와 도덕을 위한 것 등은 가장 중요하고, 시간표에서 다른 것은 반쯤은 필수적이지 않아서 아이들이 예술적으로 습득해야 하는 것이라는 식으로 나누지 말아야 합니다. 그렇게 해서는 안 됩니다. 학교에서 예술이 올바르게 자리잡으려면, 꼭 맞는 순간에 다른 모든 수업과 교육에서 생기는 아이의 정서가 예술을 갈망해야 합니다. 그리고 예술적인 활동을 하는 가운데 아이의 정서 안에 도덕으로 실행해야 할 것을 지성으로 파악하는 감각이 생기도록, 즉 아름다움과 순수한 인간적 자유로서의 예술을 바라보는 법을 배우도록 구성해야 학교에서 예술이 올바르게 자리잡게 됩니다. 이것은 예술이 교육과 수업의 전체 요소에 침투할 수 있다는 사실, 그리고 예술이 모든 교육과 수업의 본질을 두루 비추고 온기를 줄 수 있다는 사실을 암시합니다. 예술 그리고 예술적 감각은 인간 인식을 순수한 정신 인식과 자연에 대한 감각적 인식 사이에 있도록 합니다. 예술 또한 가장 아름다운 방식으로 우리를 교육 활동으로 이끌 수 있는 어떤 것입니다.

34   예술을 사랑하고 인간을 존중하는 사람은 제가 간략하게 언급하고 시도한 것과 같은 신념 교육을 바탕으로 학교에서 예술이 있어야 할 자리를 지정합니다. 그런 사람은 인간에 대한 자신의 감각 전체를 바탕으로 예술이 있어야 할 자리를 지정하고, 그러면 인간에 대한 그 감각은 학생들과의 교제를 통해 스스로 교육 신념이 되고 교육 활동에 집중하게 됩니다. 왜냐하면 그런 사람이 하는 행위는 정신 쪽을 더 지향하는 교육을 등한시하거나 신체 쪽을 더 지향하는 교육을 등한시하지 않기 때문입니다. 예술이 올바른 방식으로 학교에 편입되면, 학교는 아이들의 올바른 신체 발달을 위한 올바른 정신까지도 얻습니다. 왜냐하면 예술은 자신이 놓이는 그곳에서 삶에 작용하여 예술 자신이 인간의 고유한 본질을 위한 발달에 필요한 정신적 빛을 받아

들이는 능력을 갖기 때문입니다. 예술은 정신적 빛으로 자신의 본질을 채울 수 있게 되며, 이렇게 정신적 빛으로 채워진 예술은 그 빛을 보존합니다. 자신의 본질을 다시 바깥으로 발산하는 곳에서 예술은 자신이 흘러드는 대상을 속속들이 빛으로 적시는데, 이 빛은 예술이 정신의 태양 자체로부터 받아들인 것입니다. 예술은 물질 또한 빛으로 적셔 그 물질이 영혼적으로 반짝이고 그 외면을 밝게 비추면서 정신적인 것을 나타낼 수 있도록 합니다. 예술은 우주의 빛을 자기 안으로 모으는 능력이 있습니다. 예술은 또한 이 지상의 모든 물질적인 것에 빛의 광채를 부여하는 능력이 있습니다. 이런 연유로 예술은 정신세계의 비밀들을 학교로 들여와서 아이들의 영혼에 정신적이며 영혼적인 광채를 부여합니다. 그러면 이 광채가 아이들의 영혼 안으로 들어가 아이들로 하여금 일을 더 이상 무거운 짐으로 받아들일 필요 없이 사람들과 사회적 상호 작용을 하는 가운데 일의 부담을 없앨 수 있게 합니다. 그리고 모순적으로 들릴지 모르지만 우리가 예술을 올바른 방식으로 학교에 자리잡게 하는 경우에 인간에게 사회 생활은 심화인 동시에 해방으로 체험됩니다.

이에 관해서는 학교와 교육제도에서 도덕의 중요
성, 도덕적 견해와 도덕적 감정의 중요성에 대한 내일 강연
에서 이어가도록 하겠습니다. 오늘 저는 학교에 필수적인
정신이 예술을 통해서, 예술이라는 마법의 수단을 통해서
학교 안으로 들어오게 된다는 것, 그리고 예술을 올바르게
다루면 빛나는 정신으로 가득한 예술이 아이들의 영혼 안
에서 광채를 생성할 수 있고, 그 광채를 통해서 영혼이 다시
올바른 방식으로 신체 안으로, 그리고 온 세상 안으로 들어
와 평생토록 자리잡게 된다는 것을 주로 설명했습니다.

PÄDAGOGIK UND MORAL

교육과 도덕

슈투트가르트, 1923년 3월 26일

어떤 식으로든 삶과 하나가 되어 살아온 사람은 도
덕 교육이 교육과 수업의 모든 활동에서 가장 중요한 영역
이라는 사실을 알 것입니다. 그러나 동시에 우리는 바로 교
육과 수업 활동을 통해서 이 도덕 교육이 모든 교육과 수업
에서 가장 어려운 영역일 뿐 아니라 제 생각처럼 가장 내면
적인 영역이라는 사실을 느낄 수 있고 또 그렇게 느껴야 합
니다. 그래서 우리는 실제적이고 올바르고 참된 인간 인식
을 바탕으로 교육 활동이 구축되어야 한다고 강조할 수밖
에 없습니다.

2 　　　우리로 하여금 아이가 가지고 있는 갖가지 인식 능력을 지향하도록 하는 인간 인식을 얻으려면, 어제 제가 설명한 것과 같은 방식으로 파악하고 지각하고 관찰하면서 인간을 향해 다가가야 합니다. 또한 정신과학에 담긴 인간 인식을 바탕으로 하는 교육 활동에서 우리는 전반적인 인식 능력이라는 측면에서 아이에게 어느 정도 쉽게 다가가게 된다는 것도 알게 됩니다. 아이를 향해 가는 통로를 발견하게 되는 것입니다. 그런데 그에 못지않게 중요한 일로, 어제의 설명대로 아이가 지닌 예술적인 수용 능력을 지향하려 할 때는 각 아이에게 개별적으로 맞추어 갈 수 있는 감각이 있어야 합니다. 그러려면 각각의 아이가 세계에 대한 예술적 수용이라는 측면에서 어떤 모습을 보이는지 알아차리는 감각이 필요합니다. 도덕적 성품을 점차로 발달시키는 것과 관련하여 반드시 필요한 것이 있습니다. 우리가 인간의 본질과 본성에 대해 포괄적으로 알게 된 것을 섬세한 심리학적 관찰 능력과 깊은 곳을 들여다보는 심리학적 관심을 통해서 각각의 아이에게 개별적으로 적용할 수 있어야 한다는 것입니다. 도덕적인 면에서 다가가는 것은 개별적인 아이에게만 가능합니다. 이 도덕 교육에 관해서는 또 한 가지 어려움이 있습니다. 인간의 도덕적 성품이란 한 인

간이 자유로운 인간으로서 자신의 가장 깊은 내면에서 도덕적인 것을 이끌어 낼 때 생기는 것입니다.

3 이를 위해 교육자에게 요구되는 것은 교육을 받을 만큼 자란 한 인간이 무엇보다 도덕 교육을 자신을 모든 방면으로 온전히 자유로운 인간으로 체험하고 느낄 수 있도록 가르치는 것입니다. 우리 자신이 세상을 향해 계명을 제시하려 하는 것의 부스러기, 우리가 스스로 특별히 호감적이거나 반감적이라고 느끼는 것의 부스러기를 성장하는 인간의 인생길에 줌으로써 그를 우리 자신의 도덕적 견해, 우리 자신의 도덕적 동기, 우리 자신의 도덕적 성품에 얽매이게 해서는 안 됩니다. 우리는 도덕적 관계라는 면에서 그를 완전히 자유롭게 놔두어야 합니다. 그렇게 하려면 교육자와 교사는 특히 도덕 교육에서 아주 철저하게 자신을 죽이고 포기해야 합니다. 또한 교육자는 지적 교과나 예술 과목처럼 도덕 교육을 별도의 영역으로 다룰 기회도 없습니다. 물론 그런 기회가 있다고 해도 딱히 결과가 좋지도 않을 것입니다. 우리는 모든 수업에, 모든 수업과 교육의 내용에 도덕적인 것을 편입시켜야 합니다.

4 　　　이렇게 세 가지 어려움이 있을 뿐 아니라 정신과학적인 인간 인식을 통해 우리 안에서 만들어 낸 것을 바탕으로 교육의 대상인 아이들에게 다가갈 수 있을 때 우리는 그런 어려움들을 이겨낼 수 있습니다. 그렇습니다. 바로 이 분야에서 절박하게 필요한 것이 각 인간의 개별성에 대한 통찰에까지 이르는 인간 인식입니다. 도덕 교육의 영역을 충분히 논하려면 우리는 아이가 이 물리적 세계에서 처음으로 하는 호흡부터 시작해야 합니다. 어떤 의미로는 정말 그렇습니다. 그 이유는 이렇습니다. 특정한 인식 영역, 특정한 미적 영역, 그밖에 우리 삶의 특정한 영역의 경우이기는 합니다만, 실제로는 뛰어난 교육자였음에도 오늘날에는 아쉽게도 너무 과소평가되는 장 파울Jean Paul이 이 교육학 영역에 관해서 한 말이 있습니다. 태어나서 첫 3년 동안 인간은 학교를 다니는 3년 동안보다 삶에 필요한 것을 더 많이 배운다고 말입니다. 그러니 도덕 교육에서는 아이가 발달하는 첫 몇 해 동안, 즉 이갈이를 하는 아이가 초등학교에 들어갈 때까지 양육하는 사람이 아이 곁에서 행동하는 방식이 그 무엇보다 중요하다고 말할 수밖에 없습니다.

5 　　　우리는 발달 중인 인간의 삶에서 이 첫 번째 시기

에 상당한 관심을 주어야 합니다. 진정한 인간 인식을 제대로 얻은 사람이라면 세 가지 현상에 주목하게 됩니다. 그런 현상들은 아이들에게서는 아직 도덕적 성격으로 드러나지는 않지만, 한 인간이 죽을 때까지 평생 도덕적 빛을 비추게 됩니다. 아이의 발달을 이끄는 첫 힘들은 그 안에서 도덕적인 것과 단순히 자연적인 것이 긴밀하게 결합되어 있습니다. 그런데 통상적인 심리학에서는 태어나서 첫 몇 년 동안에 훗날의 도덕적 발달이 아이의 주된 자연적 발달 단계들과 어떻게 연결되어 있는지 인지하지 못하는 것이 보통입니다. 우리는 흔히 유아기의 세 가지 중요한 일에 제대로 주목하지 못합니다. 그러나 우리가 지상의 인간으로서 어떻게 되어 갈 것인가는 온전히 이 세 가지에 달려 있습니다. 아이가 이른바 동물과 유사한 존재에서 인간다운 존재로 올라서도록 하는 첫 번째 것은 흔히 말하는 걷기를 배우는 일입니다. 그런데 이 걷기를 배우는 과정에는 인간은 몸의 운동 장치, 즉 자기 몸에서 움직임과 관련된 모든 부분을 이 세계 안에서 균형 상태를 유지할 수 있도록 위치시키는 방법을 배울 가능성이 포함되어 있습니다. 두 번째는 인간이 유아기의 첫 몇 년 동안 습득하여 지상에 사는 동안 평생을 가지고 갈 언어를 배우는 일입니다. 걷기를 배운다는 것이 인간으로 하여금 몸의 운동 장치로 자신을 온 세계 안에 편입시키는 일인 것처럼, 이 두 번째 것은 인간으로 하여금 자신을 인간적 환경 안으로 편입시키는 힘입니다. 이는 전적으로 인간의 영혼적 본질의 의식되지 않는 기초에서 나오는 힘입니다. 그리고 세 번째는 사고를 배우는 일입니다. 삶의 첫 시기에는 아주 불확실하게 등장하기는 하지만, 아이가 언어를 배우는 과정에서 처음에는 초보적으로나마 표상의 형성이 조금씩 이루어집니다.

6   그러면 우리는 걷기와 언어와 사고를 배우는 것, 이 세 가지 능력은 그 첫 시기를 마감하는 이갈이까지 어떤 식으로 더 발달하게 될 것인지 묻게 됩니다. 이 질문에서 우리는 인간에 대한 올바른 관찰을 위해 외면적으로는 매우 간단해 보이지만 깊이 파악해 보면 인간이라는 존재 전체를 비추는 놀라운 빛을 확인하게 됩니다. 그렇게 되면 우리는 이갈이에 이르는 삶의 첫 시기에 인간이 근본적으로 모방하는 존재라는 사실, 모방을 통해서, 완전히 무의식적으로 이루어지는 시도를 통해서 자신을 세계 안으로 편입시키는 법을 배운다는 사실을 알게 됩니다. 일곱 살이 될 때까지 아이는 거의 완전히 주변 세계에 몰입해 있습니다. 마치

이렇게 말하는 것과 같습니다. "나는 내 주위의 공기라는 것, 산소라는 것을 들이마셔 그것을 나의 신체적 본질에 결합시키고, 이렇게 외부 세계의 일부분이 내 내면 세계의 일부분이 되어 내 안에서 활동하고 살고 작용한다. 일곱 살 먹은 나는 이렇게 호흡을 할 때마다, 영혼적으로 숨을 쉴 때마다 내 주변의 모든 몸짓, 모든 표정, 모든 행동, 모든 말, 심지어 어떤 의미로는 모든 사고를 나 자신의 본질로 만든다. 바깥 세계에 있던 산소가 나의 폐 안에서, 나의 호흡기관과 순환기관 안에서 규칙적으로 흐르는 것과 마찬가지로, 나라는 어린아이 안에서는 주변 세계에 있는 것과 주변 세계에서 일어나는 일이 규칙적으로 흐른다."

7   이런 사실은 피상적으로나 심리학적으로 최대한 심오하게 우리의 영혼적 눈 앞에 드러나야 합니다. 왜냐하면 아이가 자신의 주변 세계에 다가가는 방식을 충분히 섬세하게 인지할 때 얻는 결과가 무척 특별하기 때문입니다. 그렇게 할 때 우리는 언어로 표현되지 않은 채 오로지 미세한 표정을 짓는 가운데, 또는 아마도 어떤 생각을 하느라 내가 아이 앞에서 평소보다 빠르거나 느리게 움직일 때 사고가 움직이고 있다는 사실에 놀랄 것입니다. 어른의 경우에

는 그저 마음 속으로만 품고 있을 그런 생명 현상이 아이의 영혼 안에서는 그 다음 단계로 나아간다는 사실, 아이는 자기 주변 세계의 물리적인 현상만이 아니라 영혼적, 정신적인 현상 안으로도 완전히 빠져든다는 사실에 놀랄 것입니다. 삶의 이런 사실을 감지하는 섬세한 감각을 가진 사람이라면 아이 곁에서는 불결하거나 부정하거나 부도덕한 생각을 하지 않을 것입니다. 어른의 영향력이 수없이 많은 방법으로 아이의 모방 능력을 통해 아이에게 전달된다는 사실을 알기 때문입니다. 이런 사실을 느끼고 또 그런 느낌이 신념이 되고 나면, 그것이 교육자를 만듭니다.

8 　그러나 어른의 주변에서 아이에게 깊고 무의식적인 인상을 넣어 주어 인간의 본질 안에서 각인되듯 들어박혀 머무는 가장 중요한 상(그림)들이 있습니다. 그것은 도덕적인 것과 연관된 상입니다. 미묘하고 내밀하다고 해도 성격적인 면에서 가장 크게 아이에게 이식되어 이어지는 것은 아버지가 자신의 에너지와 일상적인 감정을 드러내놓는 표현들입니다. 아버지에게서 에너지에 해당하는 것은 아이의 유기체 전체를 에너지로 채웁니다. 어머니에게서 친절과 사랑에 해당하는 것은 아이를 온기로 감싸고, 그것은 아

이의 내면을 우선은 완전히 무의식적이지만 도덕적 감수성과 도덕적 관심으로 속속들이 채웁니다.

9   또한 우리는 아이의 유기체에 있는 모든 힘이 어디에서 나오는지 알아야 합니다. 오늘날 사람들에게는 별나고 앞뒤가 안 맞는 말로 들릴 수도 있겠습니다만, 아이의 유기체에 있는 모든 힘은 신경-감각 체계에서 나옵니다. 아이의 관찰 능력과 지각 능력이 무의식적인 것이기 때문에, 우리는 아이의 주변에 있는 것이 아이의 개별 감각보다는 전반적인 감각 능력을 통해서 얼마나 강하게 아이의 유기체 전체에 스며드는지 알아채지 못합니다. 물론 우리는 이갈이와 함께 적어도 근본적으로는 인간의 두뇌와 신경의 발달이 일차적으로 종결된다는 사실을 알고 있습니다. 태어나서 첫 7년 동안 감각-신경 조직은 유연성이라는 면에서는 밀랍과 유사합니다. 아이가 주변 세계로부터 대단히 섬세하고 내밀한 인상을 수용한다는 사실 때문만이 아니라 아이에게 있는 감각-신경 체계의 활발한 작용을 통해 흘러드는 것이 있기 때문입니다. 아이가 관찰하는 것, 아이가 지각하는 것이 전체 혈액 순환을 통해 무의식적으로 확고하고 안정적인 호흡 과정 안으로, 조직의 성장 안으로, 근육의

형성 안으로, 골격 체계의 형성 안으로 흘러드는 것입니다. 아이의 신체는 감각-신경 체계의 중개를 통해 환경, 특히 도덕적 환경이 찍히는 모형이 됩니다. 그래서 이갈이를 하는 아이를 학교에 받아들이면, 그 아이들의 근육과 혈액 안에, 심지어 호흡과 혈액 체계의 리듬 안에, 소화 체계의 리듬 안에, 호흡 체계의 안정성이나 부진 안에, 한마디로 말하면 아이의 신체적 유기 조직 안에 도장처럼 찍혀 숨어 있는 첫 7년 동안의 도덕적 인상이 아이에게 미친 영향을 받아들이는 셈이 됩니다.

10 오늘날 사람들은 인류학을 연구하고 심리학도 연구합니다. 인류학은 인간의 신체를 추상적으로 관찰하고, 심리학은 인간에게서 신체를 제외한 영혼과 정신을 추상적으로 관찰합니다. 그러나 신체와 영혼과 정신을 통합적으로 관찰하는 과학, 즉 정신이 스며들고 흘러들어 신체에, 물질적인 것에 작용하는 모든 부분을 살피는 인지학이란 학문은 모릅니다. 이는 물질주의 시대에서는 참 특이한 일입니다. 물질주의가 물질에 관심이 없다니 말입니다. 물질주의는 외적인 수단으로 물질을 관찰할 수 있다고 믿습니다. 그러나 모든 물질적인 사건 안으로 영혼적이고 정신적인

사건이 흘러들어 힘을 발휘하는 것을 보는 사람만이 물질이 무엇인지 압니다. 무엇보다 정신 인식을 통해서 우리는 물질의 작용과 본질을 알게 됩니다. 그래서 우리는 물질주의가 무엇인지 말할 수 있었습니다. 물질주의란 물질을 전혀 이해하지 못하는 세계관이라고 말입니다.

11   그러면 세부적인 것까지 짚어 보겠습니다. 정신과 영혼과 신체를 통합적으로 보면서 인간의 본질을 통찰하는 법을 알게 된 사람이라면 근육의 형상, 피부의 상태, 호흡 과정 등에서 아이가 첫 7년 동안 접했던 도덕적 분위기를 알아차리게 됩니다. 그런 사람은 아이를 따뜻하게 한 도덕적 애정을 알아보고, 아주 조화롭게 발달한 모습에서는 그런 애정을, 그리고 조화롭지 못한 발달에서는 주변 환경의 도덕적 애정의 부재를 알아봅니다. 이때 어떤 식으로든 교육자는 도덕적으로 이미 결정된 아이를 학교에 받아들였다는 느낌을 받게 되고, 그런 사실만을 생각하는 경우에는 자칫 좀 비극적인 생각을 할 수도 있습니다. 그러면 교육자는 이렇게 생각할 수도 있습니다. "그래, 도덕적으로 문제가 있고 무질서하고 엉망진창인 현실에서는 아주 어릴 때부터 도덕 교육을 위해서 교육하는 일을 맡는 게 불가피한 일이

지" 하고 말입니다. 왜냐하면, 매우 정교한 심리학을 통해서 인간의 본질을 제대로 알게 된 사람에게는 바로 이갈이를 하는 시기의 아이가 어떤 방식으로든 도덕적으로 이미 결정되어 있는 상태라는 사실이 중요한 문제이기 때문입니다. 그러나 다른 측면에서 이 정교한 심리학은 그런 도덕적 결정 상태에 담긴 특별한 성격을 알도록 해 줍니다.

12   아이가 자신의 주변에서 인상을 받아들이는 것은 그 활동의 성격상 꿈을 꾸는 것과 같은 상태에서 이루어집니다. 꿈의 내용은 곧 신체 안에서 유기적으로 통합됩니다. 아이가 자기 주변의 일상적인 분위기, 도덕적 정직함, 순결, 진정성 등을 무의식적으로 감각하고 지각하면, 그렇게 감각하고 지각된 것들은 아이 안에서 계속 살아 있게 됩니다 그런데 그렇게 아이 안에 살아 있는 그것들은 삶의 두 번째 시기, 즉 우리가 아이들을 학교에 받아들이는 그 시기에 계속해서 어떤 방향으로 영향을 미칠 수 있습니다. 어떤 아이가 이전의 연령대에 어떤 발달 환경의 영향으로 자신의 모든 유기적 힘들이 충분히 외부로 향하지 못하고 내부로 움츠리는 특정한 성향을 가지게 되었다고 가정해 봅시다. 그런 일이 일어나는 것은 무엇보다 아이가 주변에서 불

쾌한 행동이나 비겁한 행동을 많이 봤기 때문일 것입니다. 자기 주변에서 소극적인 태도를 많이 보거나 환경에 대해 염세적이고 불만족한 감정을 많이 느낀 아이는 지속적으로 주눅이 들어 창백한 모습을 보이는 성향이 있다고 하겠습니다.

13   교육자가 그런 것들을 알아차리지 못하면, 아이는 주변에 있는 의기소침하고 비겁하고 자포자기하는 사람들이 아이 안으로 불어넣은 것의 영향을 점점 더 강하게 받게 되고, 그러면 아이는 어떤 식으로든 그런 사람으로 자랍니다. 반대로 그런 것들을 깊이 들여다보면, 첫 7년 동안 아이에게서 특정한 성격적 경향으로 자리잡은 것을 이용해서 아이를 완전히 다른 방식으로 이끌 수 있음을 알게 됩니다. 두려움, 의기소침, 삶에 대한 소극적인 태도 등의 내적 성향이 신중함이나 판단력 등을 형성하도록 이끌 수 있는데, 그러려면 학령기의 아이에게 감정적인 방법으로 신중함이나 판단력을 형성할 기회를 주어야 합니다.

14   또는 아이가 자기 주변에서 비호감적인 것을 보고 움츠러든 경험을 많이 했다고 가정해 봅시다. 아이는 그

런 경험을 어떤 식으로든 성격 전체에, 그리고 아이의 신체적 유기체 전체에 담은 채로 학교에 들어옵니다. 우리가 그런 성격적 특성을 알아차리지 못하면, 아이가 주변으로부터 받아들인 그것은 계속 발달합니다. 우리가 올바른 인간 인식을 바탕으로 그런 성격적 특성을 적절한 방식으로 바로잡을 능력이 있으면, 바로 그 성격적 특성을 조정하여 아이에게서 매우 고상한 순수함으로, 특정한 것에 대해 수치심을 느끼는 매우 고상한 감정으로 발달하도록 할 수 있습니다.

15   이런 매우 구체적인 사례들을 통해서 제가 말하려는 것은, 우리가 학교에 받아들이는 아이, 즉 그 유기체 안에는 아이의 주변 환경에서 일어났던 도덕적 사건들이 새겨 놓은 깊은 인상들이 들어 있다는 사실, 동시에 우리는 아이가 주변 환경으로부터 받아들인 힘들을 아주 다양한 방향으로 바뀌도록 인도해야 한다는 사실입니다.

16   이는 교육자인 우리가 실천할 수 있는 대단히 의미심장한 동시에 올바르고 내적으로 심오하면서도 내적으로 유용한 심리학을 바탕으로 하는 행위입니다. 그러기 위해서는 우리 앞에 있는 아이의 이런 다양한 성격과 의지와 정

서의 방향을 예민하게 파악하고, 아이의 본성이 드러나는 모습에 애정 어린 마음으로 주목하는 가운데 아이에게서 나쁘거나 부정적인 방향으로 형성된 인간적 힘들의 방향이 긍정적인 것으로 바뀌도록 노력해야 할 것입니다. 왜냐하면, 전부는 아니더라도 대부분의 경우에 교육자인 우리가 통찰력과 정열로 그 성향을 좋은 쪽으로 바꿀 수 있으면 그 연령의 아이에게 이미 형성되어 있는 특정한 도덕적 성향, 그 안에 들어 있는 그 어떤 것도 나쁘지는 않기 때문입니다.

17 오늘날 사람들은 인간의 본질에 들어 윤리적이며 도덕적인 힘, 영혼적이며 정신적인 힘을 거의 신뢰하지 않습니다. 윤리적이며 도덕적인 힘, 영혼적이며 정신적인 힘이 아이의 신체적 건강에 얼마나 강하게 작용하는지, 그리고 무엇보다 진정한 교육 행위가 얼마나 많은 신체적인 결함을 개선하는지를 사람들이 몰라서 그렇습니다. 하지만 예를 들어 잘못 인도되어 사람을 성마른 기질로 만드는 내적 특성을 좋은 쪽으로 인도하면 침착하고 해야 할 일을 주저하지 않고 행하는 성격이 될 수 있다는 사실을 안다면, 그리고 그런 것을 내적으로 심오하고 유용하여 삶에서 행동

으로 실천하는 심리학을 안다면, "그렇다면 초·중학교 연령대의 아이를 위한 도덕 교육은 어떻게 해야 할 것인가?"라는 질문을 하게 될 것입니다. 이 문제를 이해하려면 다시 한번 아동 발달의 세 가지 중요한 사실을 되돌아보아야 합니다.

18   아이가 습득한 생각의 힘, 즉 사고력은 일반적으로 연속해서 발달해 나가는 것으로, 특별히 눈에 띄는 변화는 없습니다. 있다고 해도 그저 이갈이 시기에 기억력에 선행하는 사고의 본질이 이전과는 조금 다른 양상을 보이는 정도입니다. 이와는 달리 호흡 체계와 인간의 전체 리듬 체계에 결부되어 있는 동시에 언어로 자신을 드러내는 영혼적이며 신체적인 힘들은 이갈이가 시작되는 나이와 사춘기 사이에 변형생성된 모습으로 다시 우리 눈에 뜁니다. 언어 안에는 언어만이 아니라 신체와 영혼과 정신으로 이루어진 전체 인간이 들어 있는데, 언어 안에 있는 모든 것과 사고의 첫 번째 연관성은 어린 시절에 처음으로 언어를 배울 때 생깁니다.

19   그런데 언어와의 전반적인 연관성은 대략 7세에

서 14세 사이에 완전히 다른 측면에서, 완전히 반대쪽 측면에서 인간에게 다가옵니다. 이 시기에는 언어 안에서 자신을 바깥으로 내보이는 모든 영혼적인 것이 발달의 다른 단계에 도달해서 다른 특성을 갖게 됩니다. 사실 이런 일은 대부분 무의식 안에서 벌어지면서도 아이의 전체 발달 상황을 결정합니다. 그래서 7세에서 14세 사이에 인간은 한 가지 언어 안에, 또는 다중언어 사용자라면 여러 가지 언어 안에 들어 있는 것과 씨름하게 됩니다. 그것은 무의식 안에서 벌어지고, 그래서 인간은 그런 씨름에 대해서는 별로 아는 것이 없습니다. 인간은 자신의 리듬 체계에서 나오는 소리가 점점 더 강하게 자신의 사고, 자신의 감정, 자신의 의지에 섞여 든다는 사실과 홀로 씨름합니다. 그리고 이는 인간이 생애의 이 시기에 언어에서 형성되는 자아를 파악하는 것입니다.

20   이것이 바로 학교에 들어오는 아이의 언어가 어떤 식으로 미묘한 성격을 지니고 있는지를 이해하는 것이 우리에게 그토록 중요한 이유입니다. 우리가 감수성이 있다면, 제가 이야기한 것처럼 아이가 도덕적인 주변 환경을 관찰한 결과로 인한 전반적인 성격의 방향은 언어에 포함된

음색과 소리에서 드러날 것입니다. 아이는 자신이 사용하는 언어의 방식을 통해 자신의 근원적인 도덕적 성격을 우리에게 전달한다고 하겠습니다. 무엇보다 아이가 사용하는 언어와 말에서 우리는 수업을 하는 매 시간, 매 순간에 그 언어에서 모습을 드러내는 것을 적절하게 여겨지는 방향으로 인도해야 합니다. 이갈이를 할 때까지 아이에게서 힘겹게 언어로 드러나는 것을 학교에 다니는 동안 교육에 이용해야 한다고 생각하면, 교육자가 해야 할 일은 정말 엄청나게 많은 셈입니다.

21　　여기서 우리는 이 초·중학교 시기를 위한 인간 발달의 고유한 원칙을 만납니다. 이갈이에 이르는 삶의 첫 주기에 모든 것을 지배하는 것은 모방이라는 원칙입니다. 이 시기에 인간은 모방하는 존재입니다. 삶의 두 번째 주기인 이갈이와 사춘기 사이에 인간은 전적으로 자기 곁에서 교육하고 수업하는 주변 사람의 권위에 몰입합니다. 여러분은《자유의 철학》이라는 책을 쓴 제가 혹시라도 부당한 방식으로 권위의 원칙을 옹호하려 드는 것은 아닌가 하고 의심하지 마시기 바랍니다. 이갈이에서 사춘기 사이의 시기에 우리가 권위의 원칙을 지지하는 것은 이 시기에 아이의

본성이 권위로부터 나오는 것을 우러러볼 수 있기를 요구하기 때문입니다.

22   태어나서 7년 동안 어린 아이는 무의식적으로 자신의 주변 환경을 관찰하고 또 그 주변 환경의 거의 모든 것을 자신의 본질 안으로 들이마십니다. 그 다음 7년 동안 인간은 시선을 돌려 주변을 관찰하는 대신 주변에 귀를 기울입니다. 이제 이 시기에 아이의 방향을 결정하는 것은 의미가 들어 있는 단어입니다. 삶의 이 시기에 인간은 교육자를 통해서 세계 전체, 즉 우주를 배웁니다. 아이는 간접적으로 우주를 내다보게 됩니다. 아이는 자신이 권위 있다고 여기는 사람의 말에서 울리는 내용을 진실이라고 여깁니다. 아이는 주변 인물이 자신에게 보여 주는 몸짓과 모든 행동뿐 아니라 말에서 드러나는 것을 아름답다고 여깁니다. 아이 자신이 권위를 인정한 사람의 말이 호감이나 반감을 담고 있음을 감지하고는 그것이 선한 것이라고 생각합니다.

23   그러나 이것으로는 이갈이와 사춘기 사이의 시기에 아이를 위한 도덕 교육의 방향이 모두 설명되지는 않습니다. 아이에게 추상적인 도덕률들을 가르쳐 주려 할 때 우

리는 일종의 거부하는 태도에 부딪히게 되는데, 이는 아이가 그것을 쓸모 없는 것으로 여기기 때문이 아니라 인간 본질 자체 때문입니다. 예를 들어 동물의 세계에서 이끌어 낸 도덕적 상을 아이에게 제시할 수 있다면, 동물들 사이의 상징적인 도덕적 관계를 아이에게 보여 줄 수 있다면, 또는 그런 것을 자연 전체로 확대해서 보여 줄 수 있다면, 우리는 특히 7~9세의 아이에게 훌륭한 도덕 교육을 할 수 있게 됩니다. 우리 자신의 환상을 바탕으로 생생하게 꾸며낸 인간상을 제시한다면, 그렇게 생생하게 꾸며낸 인간상에서 우리 자신이 호감이나 반감을 느껴 그 호감적인 것이나 반감적인 것으로 하여금 선과 악에 대한 도덕적 판단이라는 직접적인 감정으로 바뀌도록 이끈다면, 우리는 이 시기의 아이에게 세계에 대한 묘사에서 감각하고 느끼는 도덕적 판단이 발달하도록 합니다. 그런데 이때는 세계에 대한 묘사가 반드시 있어야 합니다. 생애의 두 번째 시기에 그것은 직접적인 관찰입니다. 이때 아이가 도덕적으로 감각하고 느끼는 판단을 확인해 주기 위해 아이에게 다가오는 것 안에는 권위가 있고 인간적인 감정과 감각이 속속들이 스며 있어야 합니다. 이때 교육자, 교사는 세계 질서의 대표자로 그 자리에 있어야 합니다. 아이는 자신의 본능적인 삶을 바탕으로 오로지 자신이 교사, 교육자에 대해 가지는 감정을 통해서 세계를 받아들여 호감과 반감을 가지게 되고, 이 호감과 반감이 "이것은 선하고 저것은 악하다"는 판단이 됩니다. 아이는 인간을 통해서 세계를 받아들일 수밖에 없습니다. 다행히도 아이는 일차적으로 교육자, 교사가 지닌 인간적 본질을 매개로 하여 세계에 대한 자신의 관계를 형성할수 있습니다.

24   아이가 생애의 이 시기에 교육자, 교사와 이런 식의 관계를 누렸다면, 그 아이는 일생 동안 가져갈 무엇인가를 얻은 셈입니다. 여기서 아이는 권위를 바탕으로 배워서는 안 되며 모든 권위를 배제한 채 자신의 관찰을 통해서 오로지 지적으로 배우는 것이라고 말하는 사람들은 교육과 수업의 실제를 어중간하게 아는 사람들입니다. 왜냐하면 우리는 아이가 우리 앞에 있는 시기만을 위해 가르치는 것이 아니기 때문입니다. 우리가 아이에게 길러 주어야 하는 것은 아이의 생애 전체를 위한 것입니다. 그리고 죽을 때까지의 각 연령대는 인간에게서 서로 기묘한 관계를 맺고 있습니다.

25   권위 있는 사람이니 믿을 만하다는 인상을 바탕으로 무엇인가를 받아들였으나 지성으로 확인하지 않은 경우, 지성을 동원해서 확인한다는 것은 아동기보다 뒤에 속하는 일이기 때문에 아이에게 너무 광범위하게 요구한다면 망가지고 말 것이므로, 그렇게 그저 권위에 대한 순수한 사랑에서 받아들인 것은 아이의 영혼 안으로 깊이 들어갑니다. 그러면 서른 다섯 살, 마흔 살, 심지어 더 나이가 들었을 때 이런 특별한 일을 체험할 수도 있습니다. "그래, 지금까지 나는 갖가지 경험을 하고 수많은 고통과 기쁨을 겪고 살면서 이런저런 일로 좌절하기도 했는데, 이제 내가 여덟 살 때 권위에 대한 애정으로 받아들였던 것에 갑자기 빛이 비쳐 드네." 지난 시절에 언젠가 오로지 권위를 우러러보며 받아들였던 것이 다시 자기 안에서 등장하는 것입니다. 그렇게 그것은 한 인간이 살아 오는 동안 겪은 모든 경험과 견문 안으로 들어와 그 인간에게 등장합니다. 생애의 훗날에 이런 일은 어떤 의미를 가질까요? 언젠가 한번 받아들인 것은 인생 경험이 원숙해지는 훗날에 정신 안으로 들어와 삶에 큰 의미를 지니게 되고, 더 섬세하고 심오한 심리학을 통해 우리가 아는 바대로 그것은 나이가 더 들었을 때에도 변함없이 생생한 생명력을 가집니다.

26

어린 연령대의 아이에게 전달된 그런 것이 훗날 삶을 위한 새로운 자극과 생명력을 주게 된다는 사실을 안다면, 우리는 어떻게 교육해야 우리가 제시하는 것이 단순히 우리 앞에 있는 아이에게만 전해지지 않고 그 아이의 일생 동안 따라다니게 될지 알게 됩니다. 아이의 영혼 안에 맹아 상태로 넣어지는 것은 아이가 자랄 때 함께 자랄 수 있는 성격을 지닌 것이어야 합니다. 따라서 우리는 우리가 아이에게 가르치는 것이 성장 능력이 있는 것이어야 한다는 사실을 반드시 알고 있어야 합니다. 아이가 빈틈없이 꼼꼼한 개념들을 만들어 내는 데 초점을 맞추는 고루하고 편협한 교육 방식보다 더 나쁜 일은 없습니다. 그렇게 하는 것은 마치 우리가 아직 연약한 아이의 손을 어떤 기계 안으로 밀어 넣어 더 이상 자라지 못하도록 하는 것과 같습니다. 이미 만들어져 변하지 않을 개념을 아이에게 전달하지는 말아야 합니다. 그 대신 성장 가능성이 있는 개념을 아이에게 발달시켜 주어야 합니다. 아이가 살아가는 동안 내내 성장할 수 있는 그런 맹아들로 아이의 영혼을 무장시켜야 합니다. 이를 위해서 우리는 원칙에 따라서만 아이를 가르치지 말아야 합니다. 또한 아이와 더불어 사는 법을 알아야 합니다.

그리고 도덕 교육, 윤리 교육을 위해서 특별히 필요한 것이 있습니다. 초·중학교 시기에 윤리 교육을 할 때 감각적이고 감정적인 윤리적 판단을 얻으려면 인간 본질에 윤리적인 것이 구체적으로 드러나도록 그 본질을 서술할 수 있어야만 합니다. 또한 중요한 것은 이 시기의 아이가 직접적으로 전달되는 견해를 바탕으로 도덕적인 것에 대한 호감과 비도덕적인 것에 대한 반감을 발달시키는 것입니다. 아이에게 의무적으로 해야 할 것을 지시하는 일은 의미가 없습니다. 그런 것은 아이의 영혼 안으로 들어가지 못합니다. 공감과 호감을 통해 아이의 영혼 안에 자리잡은 판단이 아이의 모든 도덕적 함양을 결정짓습니다. 그리고 우리가 아이와 얼마나 올바른 도덕적 관계를 가져야 하는가는 개별적인 사안들에서 다시 아주 현저하게 드러납니다. 우리가 올바르고 내면적으로 유용한 심리학을 바탕으로 수업하고 교육할 수 있으면, 아이마다 다르겠지만 대략 아홉 살, 열 살까지 아이는 우리가 길러 준 도덕적 판단, 도덕적 호감과 반감 덕분에 자신의 "신체적인" 자기중심주의에도 불구하고 자신을 잊어버리고 세계와 더불어 세계 안에서 자랄 것임을 우리는 압니다. 그리고 예를 들어 실물수업을 할 때 9세에서 10세 사이의 발달 시기에 대한 정확한 이해가 필요한 것처럼 도덕 교육에서도 마찬가지입니다. 9세에서 10세 사이에는 발달하는 인간에게서 특별한 사실이 나타납니다. 이 시기에 여러 아이들에게서 나타나는 특별한 사실을 알아차리려면 각 아이의 차이점들에 각별히 주목해야 합니다만, 아이는 다른 어느 때보다 이 시기에 이 특별한 사실이 필요합니다. 어떤 때는 그것이 몇 마디의 말인데, 그 몇 마디의 말에서 바로 우리 자신이 삶의 바로 이 시점에 있을 때 아이가 앞으로 나아가도록 해 줄 몇 마디 말을 찾아내야 한다는 것을 알아차립니다. 이런 순간들에 아이는 삶에서 중요한 시점을 넘어가며, 그런 시점에는 우리가 아이에게 전할 적절한 말과 적절한 행동을 찾아내는지 여부에 모든 것이 좌우됩니다.

28   그것은 삶에서 어떤 중요한 시점을 말하는 걸까요? 삶의 이 중요한 시점은 아이가 언어와 씨름하는 가운데, 자신의 영혼 활동 전체를 언어와 결합시키려는 씨름을 통해, 완전히 무의식적으로 자신을 향해 "나"라고 말하는 법을 배운 첫 번째 생애 주기와는 달리 처음으로 완전히 의식적으로 "나와 세계는 서로 다르다" 하고 말하는 시점입니다. 아이는 세계 안에서 자신의 신체, 영혼, 정신의 위치를

확인하기를 강하게 요구합니다. 9세에서 10세 사이에 그런 일이 일어납니다. 이 시기에 이제 아이는 또 한번 완전히 무의식적으로 매우 특별한 체험을 하게 됩니다. 그런데 이 무의식적인 체험은 아이의 모든 감각과 감정 안에, 아이의 모든 의지적 충동 안에, 아이의 모든 사고 안에 들어 있습니다. 그것은 바로 "내 앞에 있는 권위가 나에게 세계를 준다. 나는 권위를 통해서 우주를 들여다본다. 그런데 저 권위가 옳은 것일까? 저 권위가 세계에 대한 참된 상도 주는가?" 하고 생각하게 되는 체험입니다. 이것이 의식적으로 하는 사고라고 말하는 것은 아님을 아시기 바랍니다. 그런 모든 것은 감정 세계 안에서 섬세하고 내밀하게 이루어집니다. 그런데 삶의 이 시기에는 아이가 권위를 제대로 신뢰해서 그런 신뢰가 사춘기까지 이어지는 가운데 잘 성장할지, 아니면 그런 신뢰는 가지지 못하게 될지가 결정됩니다. 이로 인해 아이의 내면은 불안정하고 신경과민 상태가 됩니다. 아이 생애의 이 시기를 위해 우리는 아이의 신뢰를 계속해서 확고하게 할 말을 찾아내야 합니다. 신뢰가 확고해져야 아이에게서 여전히 소질로만 잠재해 있는 도덕적 품성도 확고해지기 때문입니다. 아이는 내면적으로 단단해집니다. 그렇게 도덕적 품성이 확고해지면 아이가 내면적으로 단단해집니다. 그때까지 아이가 제가 서술한 것과 같은 방식으로 자아를 통해서 받아들인 것은 아이의 신체 내부까지 엄습합니다.

29   그런데 한편으로 인류학을, 또 한편으로는 추상적인 심리학을 내용으로 하는 오늘날의 생리학은 가장 중요한 사실들을 모릅니다. 이갈이를 할 때까지 모든 유기적 형성, 모든 유기적 기능은 신경-감각 체계에서 유래합니다. 이갈이와 사춘기 사이에 아이는 자신의 리듬 체계, 즉 호흡과 혈액 순환에서 벌어지는 일을 통해 강하고 힘차게 되거나 약하고 병든 상태가 됩니다. 9세에서 10세 사이의 어느 시점에는 이전에 호흡 안에 있던 것, 이전에 상부 인간 안에 들어 있던 것이 대부분 혈액 순환 안으로 옮겨갑니다. 아이의 혈액 순환에서는 내부의 유기적 비율이 1대 4, 즉 분당 대략 18회의 호흡과 72회의 맥박이라는 놀라운 비율이 나타납니다. 호흡과 혈액 순환의 이 비율이 생애의 이 시점에 완성됩니다. 그런데 이것은 깊고도 영혼적으로 이루어지는 과정이 바깥으로 드러나는 것일 따름입니다. 그리고 이 깊고 영혼적인 과정 안으로 아이와 교육자 사이의 신뢰가 스며들어야 합니다. 그렇게 되어야 아이 내면의 인간 본질 자

체 안에서도 그 신뢰가 확고해지기 때문입니다.

30   이것이 바로 우리가 도덕 교육에 관해, 교육학과 도덕적인 것의 관계에 관해 말하려 할 때 구체적으로 설명해야 하는 내용입니다. 왜냐하면, 생애의 이 시점에 우리가 인간의 완전히 지상적인 삶에 아주 이롭거나 해로운 영향을 미치게 되는 사실들 가운데 한 가지를 실행하기 때문입니다.

31   또 저는 우리가 아이 생애의 그 시점에 키워 주는 것이 어떻게 그 뒤의 전 생애에 계속해서 작용하는지를 예를 들어 설명해 보려 합니다. 여러분이 아마도 이미 알아차리신 것처럼, 나이가 들었을 때 기묘한 방식으로 주변 사람들에게 영향을 미치는 사람들이 있습니다. 그런 사람들이 있다는 것은 다들 알고 있는 사실일 것입니다. 그런 사람들은 말을 많이 할 필요도 없이 그저 사람들 사이에 있는 것으로도 그 분위기와 태도로 이미 주변 사람들에게 이로운 영향을 미칩니다. 그들은 주위를 편안하게 하고 안정되게 합니다. 그런 사람들이 나이가 들었을 때는 은혜로운 축복 같은 것을 주변에 뿌립니다. 나이가 들어 생기는 그런 축복

의 능력이 어디에 기인하는지 찬찬히 짚어 보면, 그것이 인간에게 이전에 주어진 발달의 맹아에 기인한다는 것, 그리고 그 맹아의 본질은 인간이 어느 권위를 존경하고 제대로 주시한 것, 달리 말하면, 도덕적 판단이 언젠가는 점차 종교적인 것으로 승화될 존경의 영역으로 옮겨간 것임을 알게 됩니다. 이갈이와 사춘기 사이의 시기에 존경하는 법을 배우면, 나아가 그 시기에 온전히 종교적인 것에 몰입하여 도덕적인 것을 온전히 종교적인 것의 빛 안으로 들어 올리는 가운데 진정한 기도와 함께 존경을 표현할 줄 알게 되면, 아이의 그런 기도는 어른이 되었을 때 축복하는 능력, 노년기에 은혜를 전하는 능력의 바탕이 됩니다. 이렇게 묘사할 수도 있겠습니다. 어린 시절에 기도하는 법을 배운 두 손은 훗날 나이가 들었을 때 자신을 앞으로 뻗어 축복하는 능력을 지니고 있다고 말입니다. 상징적으로 묘사한 말이지만, 어린 시절에 넣어진 맹아가 나이가 많이 들었을 때까지 계속해서 영향을 미친다는 사실에 부합하는 설명일 것입니다.

32   인간의 삶에서 각 시기가 서로 연관되어 있다는 것을 보여 주는 또 하나의 예가 있습니다. 표상, 즉 사고가 연속적으로 발달한다는 저의 말에서 도덕적인 것과 관련된

그런 예가 있습니다. 이갈이와 함께 다른 성격을 갖게 되는 것은 오로지 기억력입니다. 이와는 달리 언어는 대체로 방향을 바꿉니다. 이갈이와 사춘기 사이에 아이와 언어의 관계는 완전히 달라집니다. 우리가 언어와 아이의 이런 관계에 올바르게 대응하려면 문법과 언어 논리를 현명한 방법으로 가르쳐야 합니다. 유아기의 언어에 담긴 무의식적인 것을 현명하지 못한 방법으로 의식 안으로 끌어올리지 않고 아이를 고려한 방법으로 끌어올리는 것이라면 뭐든 시도해도 괜찮습니다.

33   세 번째 관계, 즉 아이가 가진 운동 관련 장치를 사용해서 세계와의 균형을 유지하는 것에서는 어떨까요? 대다수의 사람들에게 이 운동 관련 장치는 외적으로 기계적인 방식으로 지시하는 대상일 따름입니다. 예를 들어 사람들은 우리의 모든 공간 사고, 수학적 사고가 사지에서 이루어지는 우리의 움직임들을 떠올려 투영한 것임을, 가능한 움직임들을 지성 안으로 투영한 것이라는 사실을 모르고 있습니다. 우리가 인간적으로 움직임으로 체험하는 것을 머리가 체험한다는 것을 모르는 것입니다. 다름아닌 운동 기능 안에 인간의 심오한 영혼적인 것이 활동하고 있습니

다. 운동 기능에는 심오한 영혼적인 것이 외부의 물리적인 힘들과 결합되어 있습니다. 그리고 아동기에 인간이 엎드려 기다가 일어서는 행동, 즉 동물에게서는 지표면과 평행한 몸의 중심축을 지표와 수직을 이루도록 몸을 일으켜 세움으로써 동물적인 것을 벗어나게 되는 행동은 인간이 지닌 도덕적 소질, 도덕적 의지력의 발현입니다.

34   인지학을 바탕으로 하는 전체 생리학이 언젠가는 이해하게 될 것은 인간이 이 세계 안으로 자신을 들여놓는 방식에 자신의 도덕적 의지력이 들어 있다는 사실입니다. 잠을 잘 때는 인간도 동물처럼 몸을 지표면과 평행하게 둔다고 하겠지만, 여기서 중요한 것은 동물의 척추를 지표와 평행이 되도록 만드는 힘에서 빠져나올 때 인간이 하는 행동, 즉 자신의 모든 운동 조직을 세계 안에서 평형을 이루도록 하는 이 행동이 신체를 통해 자신의 도덕적 의지력, 자신의 도덕적 특성을 드러내는 행동이라는 사실입니다. 이것이 인간을 도덕적 존재가 되도록 합니다. 그런 것을 정확하게 판단할 수 있는 사람은 똑바로 일어서서 세계를 내다보는 인간에게서 인간의 도덕성이 신체적으로 드러나는 것을 봅니다.

35 　　　그래서 저는 이런 일을 어떤 자연 현상과 비교하려 합니다. 예를 들어 지금은 이탈리아인 옛 오스트리아 남부에는 깊은 산맥에서 시작되는 포이크Poik라는 강이 있습니다. 그 강은 곧 사라져서 보이지 않다가 다시 나타납니다. 다시 보이는 그 강은 이전의 강과 같은 수원에서 나왔음에도 이번에는 운츠Unz 강이라고 불립니다. 강은 다시 사라졌다가 나타나는데, 이번에는 라이바흐Laibach라고 불립니다. 강이 중간중간 땅 밑을 흐르는 바람에 보이지 않는 구간이 있는 것입니다. 이와 마찬가지로 아이의 꿈, 아이의 잠 안에서 인간이 자기 주변에서 보는 것을 자신이 똑바로 일어서는 방식 안으로 넣어 주는 힘들은 이갈이와 사춘기 사이에는 눈에 보이지 않지만 계속해서 인간 안에서 "인간의 밑바닥"을, "땅 밑"을 흐릅니다. 그런 것은 제가 방금 언급한 시기에는 눈에 보이지 않습니다. 그것은 아이 안에서 보이지 않는 상태로 있다가 사춘기에 다시 겉으로 드러납니다.

36 　　　무의식적으로 자기 주변의 도덕성에 몰입하게 되는 생후 몇 년 동안 사지를 유연하게 움직여 일어서서 걷는 능력, 즉 동물적인 것과는 달리 인간으로서 얻어낸 것을 키워나가는 과정 안으로 아이가 투입한 것은 이갈이와 사춘

기 사이에는 드러나지 않다가 자유로운 도덕적 판단, 인간의 자유로운 도덕적 의지로 다시 등장합니다.

37   그러므로 인간의 의지에 가장 중요한 것이 드러나지 않고 깊이 흐르는 시기에 우리가 아이에게 가까이 다가가지 않은 채로 올바른 도덕적 호감과 반감을 키워 준다면, 자유에 근거하여 형성되어 인간에게서 완전한 책임감 안에 등장하는 의지는 다음과 같은 양상을 보일 수 있습니다. 즉, 아이에게 지시하는 대신 아이의 정서 안에 호감과 반감을 심어 준 뒤에 우리가 이 시기에 나타나는 아이의 도덕적 의지에 지나치게 가까이 다가가지 않으면, 그 아이가 사춘기가 되었을 때 우리의 자유로운 동료로 우리 곁에 있게 되리라는 것입니다. 그렇게 되면 인간은 자신이 받은 도덕적인 호감과 반감 능력을 자신의 본질을 위해 바꾸어 다른 것으로 만들 수 있게 됩니다. 자신이 받은 것을 자신의 고유한 본질에서 오는 도덕적 동기에 작용하도록 방향을 바꿀 수 있다는 것입니다.

38   결국 우리는 진정한 인간 인식, 즉, 인간의 본질에 대한 참된 인식으로부터 각각의 연령대를 위해 해야 할 일

을 찾아낼 수 있다는 말입니다. 7세에서 14세 사이의 시기를 제대로 지내면, 권위를 요구하는 아이에게 우리가 전달한 것이 올바른 방법으로 인간의 자유로운 의지 안으로 스며들게 됩니다. 올바른 방식으로 도덕적인 호감과 반감 안으로 인도된 인간만이 훗날 올바른 방식으로 자유롭게 됩니다. 우리가 도덕적인 관계에서 그렇게 교육하면, 스스로 자신을 교육할 수 있는 사람을 길러내는 셈이 됩니다. 우리는 언제나 상대방의 의지가 무의식적으로 원하는 것을 제공하고, 그리고 상대방이 삶의 각 시기에 맞도록 아무런 장애 없이 자유롭고 책임감 있는 사람이 되는 데 필요한 모든 것을 제공하는 것입니다.

39   그렇게 되면 오늘 논의의 서두에서 제가 언급한 어려운 문제는 해결됩니다. 그 문제는 우리가 사심 없고 헌신적으로 상대방 곁에 있는 가운데 도덕을 가르쳐야 한다는 것, 다시 말해서 우리 자신의 견해를 상대방에게 전하지 않고 오로지 상대방 곁에 있으면서 도덕성을 위해 상대방의 고유한 호감과 반감을 일깨움으로써 올바른 방식으로 도덕적 동기를 얻으며 성장하여 생애의 적절한 시기에 자유로운 인간이 되도록 하는 것을 목표이자 이상으로 삼아야 한

다는 것입니다.

40   그러므로 중요한 일은 삶의 예술이자 정신의 예술이기도 한 영혼에 대한 깊은 지식과 영혼을 다루는 예술을 바탕으로 아이 곁에 자리를 지키는 것입니다. 그러면 우리는 예술 교육만이 아니라 도덕 교육도 제대로 하게 됩니다. 그러나 아이라는 인간 안에서 자라나고 있는 것을 제대로 살피고 판단해야 합니다. 그래야 도덕을 위한 교육이 도덕적으로 이루어집니다. 달리 말하면, 교육과 도덕이라는 문제에서 가장 중요한 요구는 교육과 도덕의 올바른 관계가 도덕적인 교육으로 성취된다는 것, 나아가 교육예술 전체가 교육적이며 도덕적인 행위일 때 그런 올바른 관계가 가능하다는 것입니다. 도덕과 교육은 도덕 교육의 기초라고 할 것입니다.

41   이제 제가 설명한 것이 교육의 모든 분야에도 적용된다면, 갖가지 점에서 납득할 만하고 또 정당한 청소년 운동이 등장하고 있는 지금 이 시대에 다른 무엇보다 사람의 마음을 움직이는 것이 있습니다. 물론 저는 이 자리에서 청소년 운동의 성격을 몇 마디로 표현할 수 없습니다. 이곳 참석자 가운데 많은 분들은 다른 여러 기회에 저의 이야기를

들으셨습니다. 어쨌든 저의 견해를 말씀드리고 싶습니다. 도덕적 동기라는 측면에서 보면 청소년을 교육하고 가르치는 성인이라면 여기서 간략히 언급된 교육과 수업 예술의 결과를 알 것이고, 그렇다면 어느 정도까지는 이런 청소년 문제에 대한 해답을 찾게 되리라는 것입니다. 결국 청소년이 혼자가 아니라 교육하는 성인과 함께 있으니 말입니다. 그러나 이때 성인에게서 받는 의미 있는 어떤 것이 청소년에게는 자신 안에서는 찾을 수 없는 낯선 것으로 여겨지고, 청소년은 "이건 내게 필요한 것이고, 나의 영혼 안으로 받아들여야 하는 것이야"라는 인상을 받습니다.

42   이런 점에서 우리의 사회적 삶이 초래한 관계들을 저는 다음과 같이 특징 짓고 싶습니다. 우리는 성인이 청소년과 잘 지내려면 언제나 청소년처럼 참신한 태도를 유지해야 한다는 말을 대단히 자주 합니다. 이 자리에 계신 분들은 당연히 예외이겠습니다만, 오늘날 사람들은 지나치게 청년처럼 참신합니다. 그러니까 올바르게 나이 드는 법을 모른다는 이야기입니다. 나이가 들어가면서도 사람들의 영혼과 정신이 세월이 흐르면서 달라지는 몸 안으로 제대로 들어가지 못하는 것입니다. 사람들은 아동기 또는 늦어도

청년기에 한 것을 나이 먹은 신체 안으로 옮깁니다. 그래서 그것이 몸이라는 외피에 맞지 않게 됩니다. 그런 상태에서 청소년이 자신에게 다가오면, 나이가 드는 바람에 청소년을 이해하지 못해서가 아니라 자신의 나이에 걸맞게 성장해서 그 나이에 맞는 성숙함을 가지지 못했기 때문에 청소년을 이해하지 못합니다. 청소년은 미성숙한 어른이 아니라 나이에 걸맞게 성숙한 어른을 만나고 싶어 합니다. 그래서 오늘날 청소년들이 어른들을 만나면, "아니, 이 어른들은 우리하고 다를 바가 없이 똑같잖아. 이 어른들은 우리보다 더 많이 배웠겠지만 더 많이 아는 것도 아니네. 나이가 들어도 원숙해지지는 못해서 우리하고 똑같아." 하고 생각하게 됩니다. 청소년은 제대로 나이를 먹은 어른을 원합니다.

43 　　이렇게 제대로 사회적 순서에 따라 교육이 이루어지려면, 제가 여러 사례를 들어 설명한 것처럼 아이들에게 교육을 통해 주어지는 맹아가 노년이 될 때까지 영향을 미칠 수 있는 방향으로 교육예술, 즉 실제 교육이 이루어져야 합니다. 인간은 각 연령대에 맞는 올바른 방식으로 올바른 생명력을 펼쳐낼 수 있어야 합니다. 그리고 나이가 든다는 것이 무엇인지 이해해야 합니다. 나이가 든다는 것은 그 나

이에도 제대로 참신한 상태를 유지한다는 것이라고 이해하는 것이 맞습니다. 주름살 많은 노인이 되어서도 여전히 미성숙한 상태라면 우리는 청소년들이 이미 알고 있는 것 말고는 전해줄 것이 없을 것입니다.

44   이런 사실은 어렴풋이나마 오늘날의 상황을 비춰줍니다. 우리는 상황을 객관적으로 볼 필요가 있습니다. 이런 상황에 놓인 모든 사람은 근본적으로는 사실 아무런 잘못이 없습니다. 그러나 중요한 사실은 우리가 인류에게 가장 중요한 문제, 즉 오늘날의 교육 체계에 관한 문제를 교육 자체만이 아니라 인간의 삶 전반을 위해 중요하고도 본질적인 문제로 보고 다뤄야 한다는 것입니다.

45   어쨌든 모든 교육 체계와 모든 수업의 정점은 인간의 아이에게 도덕을 가르치는 교육입니다. 괴테는 자신의 저서 《파우스트》에서 창조의 신의 입을 빌려 아주 특별한 말을 하도록 했습니다. "선한 사람은 어두운 충동에 사로잡혀 있을 때에도 올바른 길을 잘 알고 있다." 위엄 있는 입을 빌려 한 괴테의 이 말에 대해서도 고루한 사람들은 불만을 쏟아냈습니다. "어두운 충동에 사로잡힌 선한 사람이라

니, 그건 모순이지. 어두운 충동은 그야말로 본능적인 것이고, 그러니 자신이 잘 아는 충동일 수가 없는 거야. '선한 사람은 어두운 충동에 사로잡혀 있을 때에도 올바른 길을 잘 알고 있다'라니, 괴테가 어떻게 그런 글을 쓸 수 있단 말인가!" 하고 말입니다. 속물 근성이 있거나 고루한 사람들은 그렇게 말했습니다. 그런데 저는 괴테가 그 문장으로 하려는 말이 무엇인지 잘 알고 있었다고 생각합니다. 아무런 선입견 없이 도덕적 상태에 시선을 주는 사람에게는 도덕적인 것이 인간 본질의 가장 어두운 심연과 하나가 되어 있다는 것, 그리고 그곳에서 인간이 가장 큰 어려움에 부딪힌다는 것을 괴테는 말하고 싶었을 것입니다. 오늘날 우리는 교육에서 그 도덕적 본질에 다가가는 것이 얼마나 어려운 일인지 잘 알고 있습니다. 그 문제에서 우리는 인간 본질의 가장 어두운 영역에 다가갑니다. 그런 사실을 괴테는 알아차렸습니다. 또한 괴테는 정신의 빛이라는 가장 밝은 영역을 통과해야만 그 가장 어두운 영역에 도달할 수 있다는 것, 그리고 그런 정신의 빛은 도덕적인 인간이 영혼의 가장 어두운 심연에서 얻을 수 있다는 것도 알아차렸습니다. 그러니 저는 이 괴테의 표현이야말로 도덕적 교육예술을 위한 축성의 말이라고 하고 싶습니다. 괴테의 표현이 근본적으로 무엇을 말하고 있기에 그런 것일까요? 그의 표현은 길고도 깊은 삶의 진실을 말하고 있습니다. 도덕 교육의 의미, 삶에서 선함의 의미, 악하지 않음의 의미, 그리고 선함과 악하지 않음을 지향하는 교육예술의 의미가 감정적이고도 감각적으로 요약되는 삶의 진실 말입니다. 그러니 오늘 제가 간략하게 서술하려 한 것도 괴테의 말에 담긴 의미에서 삶의 진실을 바탕으로 "인식의 땅으로 들어가려 한다면 대낮처럼 밝은 빛을 따라가야 하고, 암흑에서 빠져나와 빛 안으로 들어가도록 애써야 한다. 예술의 땅으로 들어가려면 태양의 밝은 빛은 아니더라도 정신의 빛이 만물을 비추어 생기는 광채까지는 도달해야 그 광채 안에서 만물이 예술적인 사물이 된다." 라고 요약하고 싶습니다. 하지만 선한 인간이 되기 위해서는 먼저 이 두 가지 목표를 향해 노력해야 하는 것이라면 그것은 슬픈 일이겠습니다. 선한 인간이 되기 위해서는 무엇보다 인간의 가장 깊은 본질적인 핵을 파악해야 하고, 그곳에서 올바른 방향을 잡아야 합니다. 그렇다면 이렇게 말할 수밖에 없습니다. 인식이 태양의 빛 안에서, 예술이 태양의 빛 안에서 이루어지는 것이 진리이듯, 도덕에서도 올바른 방향을 얻은 인간이라면 빛이나 광채 없이도 삶의 모든 어둠과 암흑을 통해 선한 인간이 될 수 있다는 것이 진리일 수밖에 없다고 말입니다. 이렇게 암흑과 어둠을 통해서 "올바른 길을 아는 선한 인간"이 될 수 있다면, 우리는 세상 어떤 곳에서든, 그 어떤 빛이나 광채를 통해서든 삶의 올바른 길을 찾을 것입니다.

주석

교육과 예술: 이 강연의 텍스트는 속기록이 아니라 참가자의 필기와 대조하여 완성되었다.

18
에밀 뒤브와 레이몽Emil Du Bois-Reymond: 1818~1896. "이그노라비무스"는 1872년 8월 14일 리프치히에서 열린 독일 자연과학자 및 의사 제45차 회의에서 행한 "자연 인식의 한계에 대하여"라는 제목의 강연 말미에 한 말이다.

41
프리드리히 실러Friedrich Schiller: 1759~1805. 《인간의 미적 교육에 관한 편지》(1793/94)에서 그는 이렇게 말한다. "왜냐하면, 간단히 말해서 인간은 인간이라는 말의 온전한 의미대로 인간일 때 놀이를 하며, 오로지 놀이를 할 때 온전히 인간이기 때문입니다."

56
장 파울Jean Paul: 1763~1825. 본명은 요한 파울 프리드리히 리히터Johann Paul Friedrich Richter. 《레바나 또는 교육론》(1807), 《장 파울의 삶에서 얻는 진실》(1826), 《유쾌한 마리아 부츠 선생님의 삶》(1790)을 참조할 것.

87
다른 여러 기회에 저의 이야기를 들으셨습니다: 《노년 세대와 청년 세대의 공생에 정신적으로 작용하는 힘들. 청소년 교육 과정》, GA 217, 1922년 독일 슈투트가르트에서 행한 13회의 강연.

90
"선한 사람은 어두운 충동에 사로잡혀 있을 때에도…": 괴테의 《파우스트》 제1부, 천상의 서곡.

역자

김미숙 : 독일 슈투트가르트 오이리트메움 졸업
　　　　푸른숲발도르프학교 교사

김주아 : 독일 슈투트가르트 발도르프 사범대학 졸업
　　　　제주발도르프방과후학교 대표교사

김하진 : 독일 슈투트가르트 사범대학 졸업
　　　　서울빛들발도르프학교 교사

서석훈 : 독일 비텐 발도르프 사범대학 졸업
　　　　청계자유발도르프학교 교사 역임

신영주 : 독일 비텐 발도르프 사범대학 졸업
　　　　부산자유발도르프학교 교사 역임

오윤선 : 독일 만하임 발도르프 사범대학 졸업
　　　　서울자유발도르프학교 교사

이미영 : 독일 슈투트가르트 오이리트메움 졸업
　　　　부천자유발도르프학교 교사 역임

이소윤 : 독일 만하임 발도르프 사범대학 졸업
　　　　서울자유발도르프학교 교사

장영심 : 독일 비텐 발도르프 사범대학 졸업
　　　　서울자유발도르프학교 교사

장은심 : 독일 비텐 발도르프 사범대학 졸업
　　　　서울자유발도르프학교 교사

내가 네번째로 사랑하는 계절

내가 네번째로 사랑하는 계절

한정원의 8월

ㄴㄴ〉〈ㄷㄴ

차례

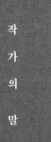

작
가
의
말

잔서의 날들

　한 사람이 한 사람을 사랑한다. 곧 멀리 떠나야 할 사람. 둘은 마주앉아 바라보고 바라본다. 마지막 밤이 서로의 윤곽을 서서히 뭉갤 때까지. 다시 돌아오지 못할지도, 영영 만나지 못할지도. 순식간에 그늘이 심장을 거처 발바닥까지 떨어진다. 발밑에 흥건한 어둠. 빛이 필요해, 한 사람이 서둘러 초를 밝힌다. 어둠이 흔들린다. 밤이 흔들린다. 둘의 그림자가 흰 벽 위에서 흔들린다. 한 사람이 한 사람의 그림자를 어루만진다. 붙잡았으면, 붙잡혔으면, 그림자라도. 한 사람이 붓을 들어 그림자의 윤곽을 따라 긋는다. 선이 흔들린다. 흔들리는 한 사람이 완성된다. 언젠가 한 사람이 떠나고 또 한 사람이 떠나도, 뜨지 못하는 영혼처럼 테두리는 남는다.

그것이 최초의 회화였다고 플리니우스는 말했다. '최초'라는 말을 꼬투리 잡자면 사실은 아니다. 아니지만 믿어볼까, 기원에는 사랑이 있다는 것, 사랑이 기원을 창조한다는 것. 거기에서부터 하늘이 펼쳐지고 바람이 불고 파도가 밀려온다고. 거기에서부터 쓸쓸한 봉우리가 일어서고 설운 호수가 고인다고.

존재 말고 존재의 그림자를 더듬은 흔적. 사람의 꼬리뼈와 세번째 눈꺼풀, 고래의 뒷다리와 같이 절멸하고도 남은 선. 8월은 내게 그런 선이다. 그런 선을 꼭 쥐고 잠을 자고 잠을 자지 못하는 시간이다. 작은 더위와 큰 더위를 지나 잔서, 한풀 수그러든 열렬과 열심, 피로를 견디는 어떤 얼굴 어떤 지경으로 꾸려진 낮밤들. 이제 없는 것들의 기원에 골몰하고, 오로지 지금이 끝이 아니라는 것을 확인하기 위해 미래를 기다리는 하루하루.

일곱 달을 잃고, 나는 붓을 든다. 곧 가뭇없을 8월, 7월과 9월 사이의 그림자를 붙잡으려고. 그 시도는 실패가 자명하다. 어떻든 시간은 붙잡히지 않을 것이므로. 그렇더라도.

없어질 한 사람을 어루만지듯이.

8

월

1

일

에세이

종소리

나는 언제나 침묵의 편이다. 신성神聖에 근사한 어떤 음악과 겨루어도 그렇다.

침묵은 신성 그 자체이니까.

그런 문장을 매만지며 나는 누워 있다. 사찰에서 아침 종소리가 건너온다. 종소리를 들을 때마다 종을 치는 사람을 떠올린다. 그이의 손을 떠올린다. 손의 침묵과 종의 침묵이 만나는 찰나, 그 떨림을.

소리는 나를 스치고 만물을 스치고 멀리 간다. 보이는 데 너머, 너머의 너머로 간다. 한번 울린 소리는 없어지지 않고 우주에 계속 존재한다는 말을 생각한다. 그리 생각하면 소리가 귀하다.

세상의 온갖 소리를 찾아다니는 사람이 있다. 그는 특수 장비를 이용해 이끼의 소리도, 개미 언덕의 소리도, 어릴 적 타고 놀던 나무 몸통의 소리도 녹음한다. 그가 수집한 소리들을 듣자면 묵음이라고 여겼던 무엇조차 소리를 품고 있다는 것을 알게 된다.

존 케이지의 피아노곡 〈4분 33초〉 또한 '완전한 침묵은 없다'는 깨달음에서 비롯했다. 전체 3악장으로 구성된 이 곡의 악보에는 음표가 전혀 없고 'TACET(침묵)'이라는 지시만이 있다. 1952년 8월 초연 당시 피아니스트는 연주는 하지 않고 몇 차례 악보를 넘기고 피아노 뚜껑만 여닫다가 그대로 일어서서 인사를 하고 무대에서 나갔다. 그러는 동안 사람들은 옷깃 스치는 소리, 의자 끄는 소리, 기침 소리, 속삭이고 술렁이는 소리를 들었을 뿐이다. 바로 그런 우발적인 소리들의 결집이 존 케이지가 의도한 진짜 연주였다지.

'침묵은 없다'는 말 대신 나는 이렇게 중얼거린다. 침묵은 소리들이 모여 사는 집이다. 소리들은 그곳에서 태어났다.

침묵의 마루와 지붕 사이에서 반딧불이처럼 두루 빛나고 있는 소리들. 그런 집, 그런 세계.

그렇다면 이렇게 문장을 바꾸어도 틀리지 않겠다. 나는 언제나 소리들의 편이다.

저번에 교토에서 버스를 한참 타고서 도착한 절은 인적 없이 고요했다. 길섶 화단에서 사람 얼굴만한 모란 사이를 벌이 잉잉거리며 옮겨다니고, 늦게 피어 혼자 지는 꽃나무에서 꽃의 목숨이 툭툭 떨어지고, 댓잎들 사이사이 바람이 휘휘 돌고, 그러나 고요했다.

그 가운데 드문드문 고요의 어깨를 내리치는 죽비 소리, 시시오도시鹿威し 소리가 있었다. 그것은 골짜기에서 흘러 내리는 물을 받는 대나무 통인데, 마디에 물이 다 채워지면 통의 무게중심이 옮겨가면서 딱, 하고 바위를 친다. '사슴을 놀라게 한다'라는 뜻의 이름대로 원래는 농사에 해가 되는 사슴이나 멧돼지를 쫓기 위해 사용했다. 약이나 전기 울타리가 아닌 아름다운 소리로, 생명의 털끝 하나 해치지 않는 방식으로 밀어낸 것이다. 무던히 크고 청량한 시시오도

시 소리는 이제는 객들의 잡념을 쫓아주며 고요를 한층 앞세우고 있다.

언제고 그 소리들 곁에서 침묵하며 살고 싶다, 감화되어 돌아나오던 길에 젊은 스님과 마주쳤다. 같이 고개 숙여 인사를 하고 보니 스님 귀에 에어팟이 꽂혀 있어 웃음을 겨우 참았다. 곁에 있는 아름다움을 처음 볼 때와 같이 처음 들을 때와 같이 귀애하기가 가장 어렵다. 그러니 그것이 수행이 겠지.

8월에 나는 어떤 소리들과 조응하게 될까. 그 소리들은 나의 편이 되어줄까.

사찰에서 건너오는 종소리를 들으며 나는 누워 있다. 깨끗한 얼굴로 건너가서 경내를 산책해도 좋겠다고 생각하며, 나는 누워 있다. 아침 종은 다섯시 반에 울리니까, 지금은 종소리만이 깨어나 세상을 걷도록 두면 어떨까.

나는 종소리의 떨림을 얹고 다시 잠으로, 침묵으로, 소리의 본향으로 빠져든다.

8
월
2
일

시

여름의 일

첫눈 같은 것은 여름에 없지
첫 땀 첫 수국 첫 매미 첫 소낙비
환호도 그리운 약속도 없고
오리나 하트나 사람으로 변신할 수 없지

적설 같은 것도 여름에 없지
흐르고 흐르고
아무것도 쌓이지 않지

모래도 옥상도 네 손도 따뜻하지
환해서 비밀도 슬픔도 잘 보이지
그림자가 쉬이 짓무르고
나무의 노래가 축축해지지

씨를 자주 뱉지

언젠가 목숨이 될 것을 겁내지 않고

휘파람을 불지 입술을 오므리지

사랑하기 좋은 모양이지

8
월

3
일

사진

꿈의 꽁무니

8

월

4

일

에세이

라크리모사

아침에 신작로를 달리다가 솔개를 보고 차를 세웠다고 했던가, 차를 세운 채 가만히 있는데 솔개가 날아왔다고 했던가. 날개를 실컷 펴고 나는 모습이 멋져 한참 올려다보았다고 그가 말했다. 느닷없고 사사로운 이야기였다. 그대로 잊혀도 꺼릴 것 없는 기억이었다. 그런데 사람이 사라지고 나면 언제나 그런 이야기 혼자 오래 살아간다. 그보다 소중한 것은 더 없다는 듯이.

그는 음악 선생이고, 클래식 음악을 감상하는 수업을 이끌고 있다. 감상하는 도중에 머리를 기대고 눈을 감고 그러다 잠이 들어도 괜찮다고 말하는 선생. 머잖아 곳곳에서 까무룩 잠드는 학생들. 침묵과 선율이 부드럽게 섞이는 교실. 나는 그 수업을 좋아한다. 잠들 수 있어서. 둥근 잠의 막이

나를 숨겨주어서. 무덤 속이 이럴까, 무덤 속에서 바깥의 소리를 듣는다면. 소리가 발끝에서 찰랑인다. 그게 신호인 양 더러 꿈이 찾아오는데.

그날 나는 선득 눈을 뜬다. 어떤 음 하나가 나를 크게 건들고 스쳐가서. 몸의 절반은 저생에, 또 절반은 이생에 걸치고 가물가물 그 곡의 끝을 따라간다. 미혹되는지 모르는 채로 끌려간다. 학생들이 우르르 일어서길래 수업이 끝난 줄 안다.

나는 그의 앞으로 가서 묻는다. 마지막에 들은 곡명이 뭔가요. 라크리모사Lacrimosa. 그가 답하며 손으로 칠판을 가리킨다. 거기 적힌 글자를 대강 훑고 나는 돌아선다. 동시에 등뒤에서 그의 목소리가 덧붙여진다. 8번 트랙이에요. 내가 다시 뒤돌았을 때 그는 아무 말도 하지 않은 듯 어렴풋한 미소만 짓고 있다.

눈물의 날, 이라고 옮겨지곤 하는 라크리모사는 모차르트의 유작인 레퀴엠의 일부이다. 레퀴엠은 가톨릭 위령미

사에서 사용되는 진혼곡이었다. 그는 이 곡을 만들며 몸도 정신도 쇠약해졌고, 결국 라크리모사를 여덟 마디까지 작곡하고 숨을 거두었다.

그리고 음악 선생도 세상을 등졌다. 멀리 건네오는 소문으로, 정사情死라고 했다.

*

1926년 8월 4일, 시모노세키항을 떠나 부산으로 향하던 연락선이 대마도를 지날 때 젊은 남녀 승객이 바닷속으로 뛰어들었고 주검은 찾을 수 없었다. 선객 명부에 따르면 남자의 이름은 김우진, 여자의 이름은 윤심덕이었다. 당시 신문은 이 사건을 '유명 작가와 성악가의 동반자살'이라며 대서특필했다. 그러나 실은 두 사람의 죽음을 목격한 사람도 유서도 없었기에, 대중들의 억측이 분분했다. 정사가 아닌 단순 자살설, 사고설, 타살설부터 버젓이 외국에서 살아가고 있다는 생존설까지.

윤심덕은 도쿄 음악 학교에서 공부하던 시절 극작가인

김우진을 처음 만났고 그때 그는 이미 기혼자였다. 귀국한 이후 '조선인 최초 소프라노'로서 명성을 쌓지만, 경제적으로 어려움을 겪고 추문에 휘말리는 등 개인사에서는 난관이 이어졌다. 김우진의 권유로 토월회에서 배우로 데뷔했지만, 그마저도 반응이 마뜩잖았다. 그렇게 해서 윤심덕은 대중가수의 길로 들어섰고 일본 닛토 레코드사에서 음반을 발매하기 위해 다시 일본으로 건너갔다.

둘이 함께 연락선에 올랐다가 함께 사라지기 며칠 전, 윤심덕은 녹음실에서 예정에 없던 한 곡을 더 녹음하고 싶다고 청했다 한다. 그 곡이 바로 외국 곡에 그녀가 손수 가사를 붙인 〈사死의 찬미〉이다.

웃는 저 꽃과 우는 저 새들이
그 운명이 모두 다 같구나
삶에 열중한 가련한 인생아
너는 칼 위에 춤추는 자로다
눈물로 된 이 세상에 나 죽으면 그만일까
행복 찾는 인생들아 너 찾는 것 설움

나는 이제 믿는다. 그녀는 검은 파도 속으로 기꺼이 뛰어들었으리라. 투신의 내막은 알 길 없어도. 저 제목과 노랫말은 이미 유서이지 않은가.

*

사랑하는 사람들 앞에는 시작이 무량하다. 시작만 무량하다. 시간이 새로 열리고, 공간이 새로 펼쳐진다. 그렇게 단단한 시작만을 밟아가다 어느 날 어느 곳에서 참, 세상에는 물컹한 끝도 있었지 그걸 처음 안 사람들처럼 소스라친다. 끝은 미래라서 반드시 눈앞에 도착하고, 언젠가는 현재가 되고.

그 순간 무엇을 할 수 있나. 무엇도 할 수 없다. 대개는 울면서 끝을 밟고 각자 다른 길로 간다. 그것을 이별이라 부른다. 그런데 어떤 이들은 이별하지 않는다. 끝을 넘어서지 않고 스스로가 끝이 되어버린다. 따로 살아갈 미래가 다가오지 않도록 당장 시간을 끊어낸다. 그렇다면 사랑은 거기에서 끝났다고 해야 하나 끝없는 곳으로 갔다고 해야 하나.

그때 신작로에서 솔개만큼의 그늘이 음악 선생의 몸 위로 드리워졌을 때 서늘한 결심이 시작됐는지. 목숨을 보전하려는 마음과 사랑을 수호하려는 마음을 양 날개에 태우고 허둥거렸는지. 나는 끝끝내 헤아릴 수 없을 것이지만.

끝은 정말 끝일까. 끝은 사람들의 운명을 스쳐 어딘가로 계속 가고 있는 게 아닐까. 노래에 업혀서 죽음 비슷한 잠에 업혀서. 도무지 끝을 모르는 끝은, 끝없음을 향해서.

8
월
5
일

시

정사 情死

아이는 연을 날리려고 한다

연은 솔개를 뜻하는 말에서 왔단다 그러니 끝내 날아가
버리지

강가에서 연인이 허리를 굽혀 돌을 줍고 있다

물속은 따뜻할까, 돌은 생각에 잠기고

봄이 가엾어 꽃을 피우려면 얼마나 아플까

실패에서 실이 풀려나온다

긴장 풀어 노여움도

연인은 마지막으로 입을 맞추네

돌은 그들의 말이 날아가지 않게 힘껏 누른다

둥실 떠오른 연

아이가 실패를 들고 벼랑으로 달려간다

벼랑 밑은 깊은 강

강은 믿음도 깊어서 물결로 성호를 긋고

아이의 발이 허공에 뜨기 직전,

솔개가 잽싸게 아이를 가로챈다

푸른 하늘에 연이 한없이 헤엄치는 것을

강 속의 연인 가운데 한 사람만 본다

실패는 어디로 갔을까, 궁금해하면서

8

월

6

일

사진

언어가 없을 때
사람들은 돌로 마음을 전했다 한다

8

월

7

일

에세이

조금 사랑하기

여름에는 정말 미심쩍다. 시간이 흐르지 않는 게 아닐까. 중지되고 정체되는 감각.

여름을 제일로 사랑했다면 다르게 느꼈을지도. 하지만 여름은 내가 네번째로 사랑하는 계절이다. 세 번을 거쳐 온 마음은 미약하다. 그래도 싫다고 말하고 싶지는 않은 마음.

한껏 사랑할 수 없다면 조금 사랑하면 되지.

나는 여름의 하늘을 조금 사랑한다. 당당하고 등등한 푸름을, 푸름을 가벼이 저버리고 소나기를 내리는 패기를, 패기를 무효하는 천진한 무지개를.

나는 여름의 밤을 조금 사랑한다. 흙과 풀과 낮의 끈기가 뒤섞인 냄새를, 짝을 찾는 맹꽁이의 전심전력의 소리를, 한

바탕 꿈을 꾸기에 알맞은 짧음을.

나는 여름의 물기 많은 과일을, 헐거운 옷 속으로 들어오는 낮은 바람을, 오수에 빠진 사람과 동물의 방심한 얼굴을 조금 사랑한다.

오늘은 입추. 절기상으로는 가을에 가까워지고 있지만, 귀를 먹먹하게 하는 매미의 아우성은 지금이 절정인 듯하다.

매미가 울기 위해서는 온도와 빛이 충족되어야 한다고 한다. 만약 날이 선선해 매미의 체온이 10도 정도라면 매미는 울지 않을 것이다. 그래서일까, 매미가 쐐ㅡ 하고 한꺼번에 울기 시작하면 그 소리는 수백 개의 흔들리는 나뭇잎 틈으로 새는 빛 같다. 우주의 빛을 소리로 변환하는 기술에 대해 들어본 적 있다. 여름의 빛이 매미 소리로 변신했다고 상상한 그날로부터, 그 소리가 환호성으로 들리고 있다. 반짝이는 소리. 여름을 호위하는 소리.

이 이야기를 해보자.

조선에는 여성 파일럿이 둘 있었다. 권기옥과 박경원. 권기옥은 애초에 독립운동가였고, 항일 운동의 방편으로 중국 공군으로 복무하다 해방을 맞았다. 박경원은 그에 비하면 오로지 비행을 열렬히 사랑했던 개인주의자라고 할 수 있겠다. 택시 운전 등으로 학비를 조달하며 일본 비행 학교에서 학업을 마쳤고, 비행사의 꿈을 실현하기 위해 일본의 지원을 적극적으로 꾀했다. 그 때문에 당대와 후대에서는 비난을 받기도, 곡해라며 옹호를 받기도 했다.

1933년 8월 7일은 마침내 비행사가 된 박경원이 첫 장거리 비행을 하는 날이었다. 고국을 경유하는 일정이었기에 더욱 설레고 벅차올랐으리라. 그 마음을 담아 그는 비행기에 '청연靑燕'이라는 이름을 달아주었다. 하필 날씨가 험해졌으나 이제 와서 물러설 수 없었기에 박경원은 비행을 강행했다. 그리고 이륙한 지 얼마 지나지 않아 시즈오카현의 산에서 짙은 안개를 만나 추락했다.

사후 격납고에서 발견된 그의 일기에는 '나의 연인은 비

행기, 창공은 즐거운 가정이다'라고 적혀 있었다고 한다.
그는 참으로 힘차게 사랑한 사람. 조금 사랑할 줄은 몰랐던
사람.

두 동강이 난 기체에서 핸들을 잡은 채 숨이 멎어 있던
박경원의 손목시계가 11시 25분에 멈춰 있었다는 것을,
1933년 오늘 누군가에게는 진실로 시간이 흐르지 않게 되
었다는 것을 기억해둔다.

8

월

8

일

시

비밀

장폴 사르트르는 요실금이 있었는데 친구들에게 젖은 바지를 들키면 끝까지 부인했다 이것은 고양이 오줌이다

십칠 년을 굳세게 산 나의 고양이가 아무데 주저앉아 오줌 눈 것을 훔칠 때마다 사르트르의 변명을 떠올린다
이것은 사르트르의 오줌이다
슬픔에 지린내가 있는 줄 알게 된다

이제 시간을 사뿐히 뛰어넘는 고양이는 과거로 가서 사르트르를 만나고 와 내게 말한다 *"우리는 비애를 선택할 수 있다"*
나는 선택할 수 있다 연명 치료를 할지 말지
나는 선택할 수 있다 진통제를 투여할지 말지

하지만 비애만은 선택할 수 없는데

죽어가는 고양이의 솟은 등뼈에 햇볕이 묻는다

미래로 갔다 온 모습이다

그것을 기억하지 못하는 눈이다

생애가 다 흘러가는 일곱 색깔 물이다

고양이는 나를 살린 적이 있다 내가 죽으려던 것은 내 고

양이만 안다

나는 고양이를 살릴 수 없다 그건 나만 안다

그러기로 한다

8

월

9

일

사진

여름비는 잠비

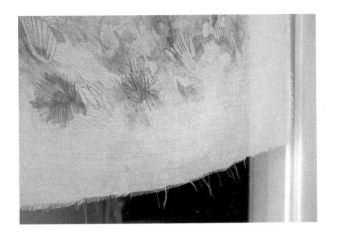

8
월
10
일

에세이

무거운 기쁨

꽃의 둘레가 바짝 탔더라. 꽃잎을 한껏 말고 빈틈없이 새카맣게 되어버린 것도 있더라. 소신하듯, 여름에 공양하듯. 여름꽃이라고 해서 여름이 수월하지는 않은 것이지.

여름과 어울리는 말은 오로지 생기와 활기인 것 같지만, 8월은 여름에서 벗어나려고 하는 여름. 여름에게 패하는 여름. 미셸 투르니에는 8월의 자연에서는 피로가 느껴진다고, 8월은 서서히 부패를 향해 기울기 시작한다고 적은 바 있다. 그야말로 기우뚱하는 달, 오뚝이 같은 그 생김새마냥.

나는 열기에 맥을 못 추는 사람. 여름이면 병인처럼 누워 지내곤 했다. 요 몇 해는 정말 병인이었고. 더해서 나를 음해하는 이가 있어 마음고생이 겹치기도 했다. 그럼에도 매

일 힘껏 일어섰고 오래 숲을 걸었다. 나를 위해서라고 하면 그러지 못했을 것인데, 나의 개들을 위해서라고 하면 어떻든 그리할 수 있었다.

나는 고양이 둘과 함께 사니까 정확히는 '나의' 개들이 아니다. 엄연히 각기 주인이 있고 머무는 곳이 있다.

동네에서 처음 목격했을 때, 진돗개는 작은 아궁이에서 잠을 자며 그 자리에서 사료를 먹고 대소변을 해결하고 있었다. 짧은 쇠사슬에 묶인 채 다섯 걸음도 걷지 못하고 제자리에서 앉았다 누웠다만 반복했다. 쥐가 다가와 사료를 다 뺏어먹는데도 내버려두고. 아무도 곁에 오지 않는 것보다는 낫다고 생각했을까.

또다른 개 골든 리트리버는 철창 안에서만 지냈고 닫힌 문 틈새로 살펴볼 때마다 그릇이 비어 있었다. 한 귀퉁이에는 치우지 않은 대변이 보였다. 역시 목에는 굵은 쇠사슬에 자물쇠까지 달려 있었다.

사람이든 동물이든 배를 곯는 것, 자유를 밟히며 사는 것을 나는 그냥 보아 넘길 수가 없다. 해서 견주들을 설득하기

시작했다. 나를 대놓고 흘겨보든, 온갖 부정적인 말로 반대를 하든, 비난하지 않고 기다렸다. 개를 어떻게 대할 수 있는지 성심으로 보여주었다. 그 과정이 결코 짧거나 쉽지 않았다. 기도했다. 제가 할 수 있는 데까지 해보겠습니다. 그래도 되지 않으면 놓을 테니까, 도우시든가요.

도우셨나보다. 결국 주인들이 마음을 열었고, 나는 산책에 필요한 물품들을 준비했다. 고양이 집사는 유튜브에서 '개 산책시키는 법'을 검색해야 했다고.

이 개들은 대충 열 살이 넘었다. 십 년 넘도록 하늘을 제대로 보지 못하고, 흙을 마음껏 밟지 못하고 살았다는 뜻이다. 당연히 산책 훈련이 되어 있지 않으니, 같이 걸은 첫날은 정말이지 엉망진창이었다. 체중이 20, 30킬로그램인 개들이 기쁨에 넘쳐 흥분하니 같이 걷는 게 아니라 숫제 내가 끌려가는 거였다. 예상보다 훨씬 고되었지만.

그들이 힘차게 내달릴 때 내 가슴에도 환희가 번졌다. 체념으로 빛이 꺼져 있던 까만 눈동자가 반짝거릴 때, 입꼬리가 귀까지 닿도록 웃을 때, 내게는 모두 넉넉히 보답이 되었다.

그렇게 이 년 가까운 시간이 흘렀다. 다사다난했지. 여러 번 목줄이 풀려 집을 나가기도 했고, 병이 깊어 수술을 하기도 했고, 그럴 때마다 나는 통곡을 했고.

수의사는 몇 달 살지 못할 것이라고 예측했지만, 이 개들은 심각한 병을 지니고도 나와 함께 두번째 여름을 나고 있다. 내 손으로 장례까지 잘 치르고 보내면 족하다 각오했지만, 이런 기적은 또 얼마나 이쁘고 이쁜지. 내 소유의 개가 아닌 것이 뭐 중요한가. 크게 보면 생명은 누구의 소유일 수 없고, 그저 그럴 수 있는 존재가 열심히 끌어안으면 되는 것을.

사정이 어떻든 간에 예전처럼 사람들을 돕고 살지 못하는 것, 그것이 늘 내 마음의 짐이다. 그래서 무엇이든 내가 있는 자리에서 구할 수 있는 것을 구하자, 그렇게 달래며 지낸다. 그렇다고 해도 말이야. 내가 이 친구들이 아니었다면 병석에서 일어날 수 있었을까. 사랑과 책임이 나를 억지로 일으켰지. 억지로 움직이다보니 서서히 힘이 붙었지.

늘 그랬듯, 내가 구했다고 여긴 것은 실은 나를 구한 것이었다.

혼자 고요히 걸으며 생각을 다듬고 소소한 사진을 찍는 홀가분한 기쁨이 멀어졌다. 그리고 같이 수선스레 갈팡질 팡하면서 아이고, 8월의 꽃처럼 피로해, 넋두리하고 개 사진을 백 장 찍는 50킬로그램 무거운 기쁨이 왔다.

8

월

11

일

에세이

냄새와 기억

짐승들은 감정 상태에 따라 다른 냄새를 풍긴다는 글을 읽었다. 공포에 질렸을 때, 슬픔에 빠졌을 때의 냄새가 다르다는 것이다. 그러니까 '슬픔의 냄새'라는 것이 정말 있구나. 내가 그 말을 시에 썼을 때는 그저 은유였는데.

한창 세상이 병중이던 때, 나도 병을 얻었다. 병이 드세어져 입원해서 치료를 받고, 한 달여 만에 겨우 고열이 잡혔다. 하지만 여전히 쾌복하지 않은 상태에서 쫓기듯 퇴원해야 했다. 병실을 얻지 못한 감염자들이 죽어가던 끔찍한 해였다.

그후 몇 년간 후유증을 겪었다. 미열이 사라지지 않았고, 어지러워서 걸을 수 없었고, 이명과 악몽으로 잠을 자지 못

했다. 어느 날엔 입 속에 침이 바짝 말라 숨이 쉬어지지 않았고, 또다른 날엔 심장이 제멋대로 날뛰었다. 매일매일 새롭게 고통스러웠는데, 중증 코로나를 겪어보지 않은 의사들은 그 병에 대해 나만큼도 이해하지 못했기에 혼자 견뎌내야 했다. 그러느라 나는 한 가지 증상을 간과했는데, 바로 후각을 상실한 것이었다. 불편하다는 생각도 채 하지 못하고 대수롭지 않게 여겼더니, 어느새 반년이 지나도록 냄새를 맡지 못하고 있었다.

비가 내리는 숲에 서 있던 어느 날, 문득 생각이 났다. 내가 젖은 흙과 잎의 냄새를 얼마나 사랑했는가. 아무리 킁킁거려도 냄새를 맡지 못하자, 대신 냄새를 기억해보려고 애썼다. 하지만 분명 그 냄새를 알고 있는데도 머릿속에 전혀 떠올려지지 않았다. 작은 기억의 꼬리 같은 것이 솟아나자마자 사라졌다. 당혹스러웠다. 나와 세상 사이에 불투명한 막이 느껴져서 숨이 막혔다. 그제야 뒤늦게 깨달은 것이다. 내가 잃은 것은 후각만이 아니다. 나는 기억을 잃었다. 기억은 그토록 후각에 빚지고 있었다.

암소는 냄새로 새끼를 알아본단다. 그래서 송아지가 죽으면 그의 가죽을 벗겨 어미가 없는 다른 송아지의 몸에 둘러준단다. 암소가 자기 새끼로 착각하고 그 송아지를 돌보도록.

알고 보니 슬픈 이야기였다. 냄새로 알아본다는 말. 냄새가 없으면 알아보지 못한다는 뜻이어서, 냄새가 없으면 기꺼이 잃을 수 있다는 뜻이어서.

가까이에서 더러 보아왔다. 기억을 잃어가는 것. 내 조부가 그랬고, 내가 돌보던 시설의 여성들이 그랬고, 내가 존경하는 수도승이 그랬고, 이제 내 나이든 고양이가 그렇다. 순간순간 그들의 눈 속에서 빛이 꺼지고 눈동자가 멈추는 것을 목도했다. 그럴 때 그들은 아주 먼 데를 보는 것 같기도 하고 아무것도 보지 못하는 것 같기도 했다.

그 시선을 나는 이해할 수 있게 되었다. 기억을 잃으면, 사랑했다는 기억을 잃으면, 끝내 사랑을 잃는 것이라는 사실을 감각할 수 있게 되었다.

8
월
12
일

시

콧노래

밤마다 천천히 해변을 걷는
늙은 코끼리
아무것도 잊지 않아서
무슨 얼굴 무슨 슬픔 퇴적되어서

이 끝에서 저 끝까지 걷는다
해변은 길고 오래다
목숨이 그렇고
그렇다는 증거는 소실되고

끝에 다다라 뒤돌아서면
크고 깊은 발자국
없다 코끼리의 기억 속에만 있다

질긴 파도 젖은 발 감기는 눈꺼풀 눈꺼풀

저대로는 고꾸라질 것 같아

나는 늙은 코끼리를 업는다
무게를 보살피려고
등뒤에서 양손으로 받치고
해변을 거스른다

달빛이 천천히 오가고
모래알들이 손바닥 안에 쌓이고
코끼리의 펄럭이는 귀가 내 귀를 아주 덮고

모든 소리가 물러났을 때
코끼리의 코가 내 심장 부근까지 닿았을 때
그제야 나는 알아챈다
작게 흘러나오는 그의 콧노래

8
월
13
일

사진

코끼리의 주름

8
월
14
일

에세이

해방

일 년 전 오늘, 경북 고령군의 한 농장에서 개인이 사육하던 암사자가 탈출했다. 지역 주민들은 재난안전문자를 받았고, 근처 캠핑장에 있던 손님들은 모두 대피했다. 한 시간 남짓 지났을 때 수색하던 경찰과 엽사는 농장 근처 숲에서 사자를 발견했다. 사자는 나무 그늘 아래 고요히 앉아 있었고, 엽사는 총을 겨눴다.

사람이 쓰다듬을 수 있을 정도로 유순했다는 사자 사순이는 그렇게 죽음을 맞이했다. 말 그대로 운명을 담담히 맞아들였다.

이십 년간 가로 세로 14미터, 높이 2.5미터인 철창 속에서 지냈다. 빠르면 시속 80킬로미터로 달릴 수 있다는 사

자가 딱딱한 시멘트 바닥 위에서 몇 발짝 걷기만 하면서. 7,300여 일의 낮과 밤, 스무 번의 여름이 지나도록 닫혀 있던 철창문이 딱 한 번 청소 직원의 실수로 열렸고, 사순이는 그저 아름다운 본능으로 발을 내디뎠다. 이른 아침 지열이 오르기 전 서늘하고 푹신한 흙을 생애 처음 밟았을 때 기분이 어땠을까. 사방의 풍경이 옹색한 철창으로 나눠지지 않고 온전히 눈에 담겼을 때는.

사순이는 여느 야생의 사자가 그러하듯이 나무 그늘로 들어갔을 것이다. 달릴 줄 몰라 천천히 걸어들어갔을 것이다. 철창까지는 겨우 20, 30미터이니까, 집이 지척이니까, 마음이 편안했을 것이다. 잠시 꾸벅꾸벅 꿈을 꾸다가 다시 스스로 철창 안으로 돌아갔을 것이다. 것이다 것이다 것이다. 죽지 않았다면.

동물원에 사는 사자의 수명이 이십 년 정도라고 하니 사순이는 그해 이론적으로 명이 다하고 있었다. 그러나 제힘으로 마지막 숨을 내뱉고 떠나는 자연사와 폭력적인 사살이라는 결말은 얼마나 다른가. 마취를 하고 안전하게 포획

하는 선택지는 애초 없었으리라, 그런 확신이 들 때 나를 기습하는 비관, 인간에 대한 비관을 어쩔 줄 모르겠다.

열악한 환경의 크고 작은 동물원에서, 위법적으로 운영되는 농장에서, 동물들은 계속 탈출을 꾀하고 그 과정에서 죽는다. 탈출 시도조차 할 수 없는 비좁은 수족관 안에서 자해를 하거나 숨을 쉬지 않음으로써 자살을 시도하는 돌고래들도 있다. 그 수가 경악스러울 정도로 많다.

동물들은 죄가 없어 죽으면 바로 환생한다는 말을 믿고 싶을 때가 있다. 이 세상의 무엇으로 이미 새로 살아가고 있을 거라고. 그렇다면, 이름 모를 반달가슴곰들아, 수족관의 돌고래들아. 뽀롱아, 사순아. 부디 고산의 풀이나 바람 같은 것으로, 인간의 손이 닿지 않는 곳에서 인간이 가둘 수 없는 존재로 태어나 살고 있어라.

8

월

15

일

에세이

비의 무게

우산을 잃어버리기 좋은 날들이다. 비가 무시로 오가기에. 낯선 곳으로 뜨고 싶었던 사람들이 우산으로 태어나는지도 모르겠다. 허공을 짚으며 언제나 이방異邦의 기분으로 살아가기. 멀찍이 가서 돌아오지 못하기. 비처럼 흘러가버리기.

비가 내리면 나비는 나뭇잎 뒤에, 풍뎅이는 나무껍질 밑에, 개미와 벌은 집으로, 모두 나름의 우산을 쓴다. 새도 그렇지만, 새는 큰비가 아니라면 맞으면서 날 수 있다. 깃털은 비를 튕겨내니까. 빗방울을 부수니까. 그렇게 비의 무게를 줄이면 날개는 다치지 않는다.

하나 여름의 비는 돌림노래다. 길고 되풀이된다. 둑이 허

물어지고 지붕이 내려앉고, 세간이 샅샅이 젖고 검푸른 곰 팡이꽃이 번지고, 사람과 동물이 다치고 죽는다.

그런 일은 대개 저지대에서 속절없이 일어난다. 슬픔은 단연코 저지대로 모여드는 것이다.

내가 거기 있지 않다고 해서 다행일 수 없다. 거기와 여기 는 하나의 세계이다. 거기가 슬픔에 잠겨 있는데 어떻게 여 기가 울지 않을 수 있을까. 이 계절에는 빗물과 눈물의 총량 이 앞을 다툰다.

비는 일러준다. 빈틈과 구멍을, 기울기와 높이를, 공명과 수호를. 그것들을 미리 재단하여 튼튼한 옷으로 만들어 나 눠 입고 싶다.

올해 장마에는 모두 공평히 무사하기를, 예년과 같은 참 담한 일이 없기를 바라고 바란다.

8
월
16
일

시

그믐

버려진 판자에 못을 꼼꼼히 박아

작은 집 모양의 편지함을 만들어 달던 때는

당신도 가난도 젊어서

거친 땅에 기어이 배추를 심고

허기를 솎아내 몇 날 며칠 같은 국을 마시고

새벽마다 꿈같은 것을 뒤축에 넣고 나섰다가

어김없이 발을 절며 돌아왔다

어느 땐 같이 누워 우는 여자가 있었다

멀리서 온, 당신의 얼굴

방 한 칸을 부끄러이 떠돌던

두 개의 입김을 언 창에 그리기도 했는데

문틈의 바람에도 서글퍼진 여자의 모국어가
얇은 창에 붙어 낯선 무늬가 되고
무늬가 긴 병이 되고

당신은 어두운 옷을 입는 사람이 되었다
배추밭에 무덤을 심고 몇 날 며칠
눈을 멀리 두다가 감으면 그믐처럼 등이 굽었다

8
월
17
일

사진

눈물

8

월

18

일

시

백야

어떤 이야기도 저물지 않는다

흰 여름밤이 펼쳐둔 책에서는

귀 네 개를

나와 너의 귀인지

나와 개의 귀인지를 세우고

왼쪽에서 오른쪽으로 기울어가는 격정이

오른쪽에서 왼쪽으로 거슬러올 때는 단념이 되는 것을

지켜본다

나는 아무것도 바꿀 수 없다

새들이 허다하다

공허는 하나인데

바람이 불 때만 넘어가는 풍경
바람이 불지 않을 때는 같은 생각만을 곱씹어야 하고

귀를 계속 잡아당긴다
골똘해질 때 나의 버릇이다
너의 버릇이거나 개의 버릇인지도 모르고
주인이 없으면 그런 기억은 다 섞이는 법이다

달려보고 싶다
밤이 올 때까지

8

월

19

일

에세이

파도가 없다면

파도가 없다면 바다를 미처 사랑하지 못했을 것이다. 지금처럼은 못했을 것이다. 파도는 바람으로 생기는 것, 희구希求로 생기는 것, 들고 일어나는 마음 없이는 없을 것.

해안에서 조가비를 줍는 취미도 그래 생겼다. 조가비에 파도가 새겨져 있어서.

썰물과 밀물 사이에서 보낸 한 해 한 해가 조개의 몸에 둥근 선으로 남는다. 그 선은 나무의 나이테가 그러하듯 나이를 보여준다. 내가 가진 조가비들은 대개 어리다.

밝은 선과 어두운 선이 번갈아 나타나는데 밝은 선은 조개가 성장하는 시기에, 어두운 선은 성장을 멈추는 시기에 그어진다고 한다. 몸의 기록은 역시 솔직하다.

사람의 경우 젊어 보이기도 늙어 보이기도 한데, 그런 때

나는 그의 눈빛으로 나이를 가늠한다. 맑고 탁함이 다가 아니라, 눈빛은 정말 어쩔 수 없는 것이다. 시간이 흐르면서 문 한쪽이 어스러지는 것처럼 눈빛이 주저앉는 것은. 그러니까 조가비의 주름은 명명백백 조가비의 눈빛 같은 것이려나.

주름은 골짜기가 있다는 뜻. 숨긴 부분이 있다는 뜻.
비밀은 누구에게나 무엇에게나 있다. 인간도 나무도 여우도, 계절도 밤도 언어도, 선악도 병도 죽음도, 해명하지 못하고 이해받지 못하는 구석을 지닌다. 밝은 비밀, 어두운 비밀, 밝은 비밀, 어두운 비밀. 환희거나 상처거나가 새긴 실어失語의 선.
나는 그것을 평생토록 궁금해하겠지만 함부로 캐지는 않을 것이라고, 홀로 명멸하는 등대를 바라보듯 멀리서 오래 보살필 것이라고 다짐하므로.

어느 의사가 나의 얼굴을 보고 눈가와 입가의 팸을, 이마에 그어질 미래의 주름을 단속하라고 권했을 때, 이렇게 답했던 것이다.

늙어가는데 주름이 져야지요. 없애고 싶지 않습니다.

내가 기쁘게 슬프게 살았다는 증거이고, 눈빛이고, 어떤 비밀이고, 파도인데요.

파도가 없다면 나는.

8
월
20
일

시

파도

         ㄱ   ㅏ

         ㄱ   다

        가   다

        가   다 모

ㅐ   가 피   다 모ㄹ

해   가 피   다 모래

해   화가 피   다 모래   에

해   화가 피   다 모래밭에

해   화가 피었다 모래밭에

해당화가 피었다 모래밭에

해당화가 피었다 모래밭에

8

월

21

일

사진

접촉

8

월

22

일

에세이

그치다

오늘은 그치는 것에 대해 생각하기 좋다. 처서라고 하니.

더위가 그친다

장마가 그친다

초록이 무성하기를 그친다

밤에 매미가 울기를 그친다

여름 과일이 맛있기를 그친다

여름은 슬픔처럼 살며시 사라진다고, 에밀리 디킨슨은 썼다.

분명 다른 계절이 끝나갈 때와는 다르지. 왜 여름은 유독 사라지는지. 증발하고 휘발하는지. 기체인지. 움켜쥘 수 없는 무엇인지. 하는 수 없는 사랑 같은지.

여름처럼 슬픔도 사라지려나.

슬픔도 그치려나.

한낮의 더위는 한결같이 맹렬하나 밤에는 풀벌레가 왔
다. 매미 울음은 서서히 멀어졌다. 울음을 다 쓰고 나면 여
름이 죽는다는 것을 알려주려는 듯이. 머잖아 땅 위에는 그
증거가 수북해질 것이다.

8

월

23

일

시

벌들이 돌아오길 기다리는 저녁

창문을 열고 손끝에 붙은 속눈썹을 턴다

눈가가 간지러울 때마다 속눈썹을 버리면 괜찮아진다

나무가 자는 동안 가지치기를 해야지

한 가지가 떠나는 것을 다른 가지가 보지 못하도록

구름이 서둘러 모양을 바꾸며 흘러간다

신이 구름으로 마음을 만들어서

인간이 이토록 변덕스럽다는 것을 누구나 안다

딱딱한 빵을 먹으면 좀 낫다

집 안팎을 오갈 때마다 개가 따라다니고

나의 개는 아니지만 따라다니게 내버려둔다

웃음소리가 들릴 때가 있다

호스를 들고 잠시 멈춰 듣는다

소리가 과거와 미래 어디에서 오는지 모를 일이다

그 생각에 골몰했나봐

작은 공이 발밑으로 굴러오기에

개에게 주려 했는데 개는 어느 틈에 없다

옷을 여민다 여름에도 추운 이유는

죽은 것들이 내 곁에서 맴돌아서일지

그림자를 들고 집안으로 들어간다

물이 끓는 동안 창문을 닫는다

바깥에 남은 공이 밤으로 변하기를 기다린다

8

월

24

일

사진

구ㅇㅇㅇㅇㅇㅇ름

8

월

25

일

에세이

정주

　한곳에서 오래 살아가는 사람. 태어나 살아가는 동안의 자취를 잃지 않은 사람. 그런 사람들을 볼 때 나의 마음은 부러움이랄지 자괴감이랄지. 나는 여러 장소를 거쳐왔고, 그것은 장소를 여의는 것과 같다고 쓴 적 있다. 머무르지 않는다면 잃을 테니까. 결국 나는 잃은 사람이고 잃은 장소는 마땅히 폐허가 되니까. 폐허를 두고 '과거와 미래가 만나는 유토피아적인 장소'*라고 했던 이도 있지만.

　떠돌다보니 점점 마음을 붙이지 못하게 되었는지, 아니면 역마의 운명을 타고나서 떠도는 것인지, 어느 게 먼저인지도 알 수 없다. 스스로 머무를 곳을 선택할 수 있게 된 지금도 나는 끊임없이 떠날 궁리를 한다. 이 집, 이 고장, 이 나라로부터 가장 멀어질 수 있는 장소를 갈망한다. 모든 연

이 끊어진 데로 가서 영영 돌아오지 않기를 갈망한다. 그러고 나서 나는 어김없이 착잡해진다.

정주定住는 '정하거나 약속한 곳에 자리를 잡는 삶'을 뜻한다. 떠도는 삶의 반대편에 있는 낱말이다. 이것은 베네딕도 수도회에서 수도자들에게 요구하는 중요한 덕목 중 하나이기도 하다. 모든 수도자는 서원식에서 '순명'과 '정결' 등을 서원하는데, 베네딕도회는 특별히 '정주' 또한 요구한다.

나는 처음에 '정주'를 하나의 집 혹은 수도회에서 평생 머무는 것이라 이해했다. 그런데 세세히 찾아보니 그보다 훨씬 깊은 개념이다. 요약하면 이렇다. 정주는 외적 정주와 내적 정주로 구분 지을 수 있다. 외적 정주는 내가 이해한 대로 같은 장소에 몸이 머무르는 것이다. 반면 내적 정주는 보이지 않는 마음이라는 장소의 범주이다. 마음에서 머무른다는 건 무슨 의미인가. 마음을 떠나지 않는다는 것은.

여러 해석이 있지만 그중 안셀름 그륀 신부의 견해에 따르면, 그것은 '자신에게 머무르는 것, 스스로 견디는 것'을

의미한다. 어떤 만족이나 해답이 바깥에 있다는 착각을 이겨내라고. 모자라는 자신 안에서 사랑으로 인내하고 머무르라고. 그것이 정주라고.

그 말에 나는 다 들통난 기분. 그래, 나는 나를 참을 수 없는 것이다. 지긋지긋한 사람들을 통틀어 제일 지긋지긋한 사람은 바로 나인 것이다. 먼 데서 유토피아를 찾는 것이다, 아무리 멀리멀리 가도 나를 벗어날 수는 없는데. 나의 유토피아는 나의 폐허에 있는데.

---

* 유디트 샬란스키, 『잃어버린 것들의 목록』, 박경희 옮김, 뮤진트리, 2022.

8

월

26

일

시

호수 이름에는 관사가 붙지 않는다

그 나라는 호수가 너무 많아서 국민에게 하나씩 나눠주어도 될 정도이다. 그러니까 모든 사람이 호수를 하나씩 받는다면. 호수에 이름을 짓겠지. 옥편을 뒤적이며 먹 묵 호수 호 묵호나 바 소 이르다 치 소치호라고. 좋아하는 이의 이름을 빌려 비올라나 민기라고. 호수 앞에 의자를 두겠지. 의자를 계속 옮기겠지. 오리 거북 수련 따위를 기르거나 기르지 않겠지. 더운 날엔 헤엄을 치고 추운 날엔 스케이트를 타겠지. 배를 띄우겠지. 이따금 호수 한가운데로 가져가 가라앉히고 싶은 게 생길 테니까. 슬픔. 슬픔은 수용성이라니까. 수심이 슬쩍 깊어지겠지. 구름과 별이 흔들리는 것을 바라보겠지. 호수를 사랑하겠지. 호수를 버리고 떠나겠지. 호수로 돌아오거나 돌아오지 못하겠지. 그래도 호수는 그 자리에 그대로. 고유하게. 푸른 몽고점처럼 남겠지. 나

는 의자에서 일어나 창밖을 본다. 이미 어둡다. 저기 호수가 있을까 없을까.

8

월

27

일

사진

사라진 소리

8

월

28

일

에세이

산소리
— 여름에 다시 읽는 책

겨울이라면, 폭설이라도 쏟아진다면, 나는 『설국』의 그 고명한 첫 문장을 다시 읽어내려가겠지. 여름이라면, 패색 짙은 8월이라면, 망설임 없이 『산소리』를 펼 것이다. 이 책에는 실패와 실패의 기미가 녹음처럼 너르게 드리워져 있기 때문이다.

이야기는 사계절을 두루 돌며 나아가지만 첫 장이 여름으로 시작된 덕에, 『산소리』는 내게 여름의 책으로 각인되었다. 후텁지근한 한밤, 모기장에 날아와 앉는 매미 그리고 습기로 희미해진 뒷산에서 들려오는 산소리. 사람이 죽을 날이 다가오면 듣는다는 그 소리.

중심 화자는 예순둘의 노인 '신고'이다. 그는 기억력이 흐

려져 늙음을 절감하던 중, 뒷산에서 산소리를 듣게 되고 죽음에 천착하기 시작한다. 산소리는 이명과 비교되고 있는 만큼 실제가 아닌 환상의 소리에 가깝다. 그 소리는 '산'이라는 바깥 세계에서 오지만 실은 신고의 내면에서 불거지는 소리라고 이해할 수도 있다. (그런 점에서 아피찻퐁 위라세타쿤의 영화 〈메모리아〉가 떠오르기도 한다.)

한편, 죽음에 대한 공포의 반대편에는 신고의 욕망이 자리한다. 죽음과 욕망은 길항한다. 욕망은 삶의 편이고, 죽음은 욕망이 제거된 상태이므로. 이와 연결된 중요한 인물이 신고의 며느리 '기쿠코'이다. 기쿠코는 신고의 죽은 형수와 여러모로 닮았다. 신고가 유일하게 사랑했던 이의 현현이 기쿠코인 것이다.

신고는 죽음도 욕망도 관조한다. 자전적인 소설은 아니지만, 그런 시선만큼은 가와바타 야스나리의 것이었을 거라고 짐작된다. 가와바타는 마치 절반은 죽은 사람이고 절반은 죽어가는 사람인 것처럼 세계를 보지 않았던가.

『설국』이 십여 년에 걸쳐 완성된 단편소설의 모음인 것과

마찬가지로, 『산소리』도 애초 여러 잡지에 연재한 단편소설이었다. 그래서 매 장마다 이야기는 아름답게 완결된다.

여름이면 나는 책의 목차는 개의치 않고 아무 장을 펴서 소리 내어 읽거나 옮겨적는다. 또 비가 내리면, 신고가 인용한 부손의 하이쿠를 어김없이 떠올리고 읊조려본다.

"늙은 사람이 사랑을 잊으려고 하면 한차례 비가 내리는구나."

_____

＊가와바타 야스나리, 『산소리』, 신인섭 옮김, 웅진지식하우스, 2018.

8

월

29

일

시

그릇

목소리가 없는 당신이

흰 주먹을 펴서 흔들면 눈이 되고

당신이 건넨 눈을 굴려 나는 조용한 것을 빚는다

빚고 보니 그릇이 된다

모든 그릇은 얼굴

내 손이 어두워질수록 저 혼자 빛나는

빛나는 것 중 가장 어두운 것

불 속으로 던진다

이쪽과 저쪽

단단한 금을 긋는다

조용한 당신이 담길 것을 떠올리면서

8

월

30

일

사진

남아 있는 것들

8

월

31

일

에세이

여름은 멈추어라

문을 연 지 백 년 넘었다는 식당으로 들어간다. 밀거나 당
기지 않는 착한 문, 옆으로 미는 문. 드르륵. 오래된 나무와
나무가 서로의 손등을 쓰다듬는 소리가 나는 문. 어떤 소리
는 아주 오래전부터 알았던 것 같다. 내가 기억하지 못하는
때, 어쩌면 태어나기도 전에 만난 듯이.

당신은 나보다 이르다. 나는 멀리서 부러 찾아갔는데 당
신도 그랬을까. 나는 이쪽 테이블에서 당신은 저쪽 테이블
에서 잠시 말을 섞는다. 허공에서 우리의 목소리가 섞인다.
나도 당신도 이곳에서는 이방인이고, 나는 내가 쓰는 말에
자신이 없다. 당신은 내가 음식을 잘 주문할 수 있도록 돕는
다. 나는 고맙다.

우리는 닿지 않는 곳에서 마주본다. 닿지 않는 곳에서 함께 먹는다. 나는 당신이 천천히 먹으면 좋겠다고 생각한다. 당신은 천천히 먹는다. 나는 당신이 먼저 일어서지 않으면 좋겠다고 생각한다. 당신은 먼저 일어선다. 이르게 왔으므로 이르게 떠난다.

여행지에서 돌아온 어느 날 불시에 당신이 떠오른다. 당신은 살면서 꼭 한 번은 더 보고 싶은 사람이다. 나는 그것을 깨닫는다, 언제나 더디게 더디게. 그래서 마음속으로 그 식당을 몇 번 더 찾아간다. 드르륵, 손등이 스치고. 나는 당신이 앉았던 자리에 앉는다. 신발을 벗는 자리이다. 당신 무릎이 덜컹거렸겠다.

손님들이 잇달아 들어온다. 새로 생긴 이 식당이 벌써 입소문을 탔다고, 그들끼리 속삭인다. 주인 할아버지는 내 테이블에 물잔을 놓으며 좋은 웃음을 짓는다. 나는 망설인다. 말할까? 이 식당은 백년이 넘어도 사라지지 않을 거예요.

2024년 여름의 어느 하루에, 당신과 나는 이십 분쯤 함께

있었으려나. 백년 속의 이십 분. 그런 이십 분이 무수했으리라. 살면서 꼭 한 번은 더 보고 싶으나 분명 그러지 못할 사람과 사람. 그들의 이십 분이 백년을 쌓아올리겠지.

8월에 나무 그늘 밑에 앉아 있다가 드물게 맑고 서늘한 바람을 맞아 기쁜 때가 있었다. 내게는 아름다운 당신과 스친 것이 그와 같았다.

단 한 번으로 끝나는 인연을 아까워하지 않을 것이다. 무엇을 기다린다는 희망 없이, 언제까지 기다린다는 기약 없이, 눈을 감고 기다릴 것이다. 바람일까, 당신일까, 시일까, 슬픔일까, 혹은 그것들이 모두 하나일까 맞춰보면서. 그러다 '그것'이 나를 다시 지나치는 때가 온다면, 내가 기다려온 것이 '그것'임을 알아챌 수 있기를. 가벼이 일어서 그 뒤를 따라 조용히 걸을 수 있기를.

시절 인연처럼 계절이 열렸고, 이제 닫히려 한다. 나는 문밖으로 드르륵 나가야 한다. 더 쓸쓸한 세계로 들어가야 한다.

그러나 여름아, 여름의 모든 인연아, 너는 여기에서 멈추어라.

내가 네번째로 사랑하는 계절

ⓒ 한정원 2024

초판 1쇄 발행 2024년 8월 15일
초판 4쇄 발행 2024년 10월 25일

지은이 한정원
펴낸이 김민정

책임편집 김동휘 **편집** 유성원 권현승
표지디자인 김마리 **본문디자인** 최미영
저작권 박지영 형소진 최은진 오서영
마케팅 정민호 박치우 한민아 이민경 박진희 황승현
브랜딩 함유지 함근아 박민재 김희숙 이송이 박다솔 조다현 정승민 배진성
제작 강신은 김동욱 이순호
제작처 영신사

펴낸곳 (주)난다
출판등록 2016년 8월 25일 제406-2016-000108호
주소 10881 경기도 파주시 회동길 210
전자우편 nandatoogo@gmail.com **페이스북** @nandaisart **인스타그램** @nandaisart
문의전화 031-955-8875(편집) 031-955-2689(마케팅) 031-955-8855(팩스)

ISBN 979-11-94171-03-4 03810